Lenormand Card

帶來幸福的

雷諾曼卡占卜

櫻野KARIN

U0072758

前言

　　一張牌上，就具有一個象徵意義。

　　看似簡單，卻會因為不同的組合方式，使得解讀的世界無限寬廣。

　　這就是雷諾曼卡。

　　這段話，也曾經出現在我上一本著作《雷諾曼卡的世界》（ルノルマン・カードの世界）的一開頭，而且在雷諾曼卡的講座中，我一定會在一開始便告訴大家這段話，因為這就是雷諾曼卡最吸引人的地方，我也為此深深著迷。

　　36張牌所描繪的，全是大家耳熟能詳的象徵意義，完全不需要費力解釋。將每一個象徵意義串聯起來編織出故事之後，就能將運勢解讀出來。串聯起每一個象徵意義的時候，感覺就像在翻閱一頁頁的繪本或故事一樣，令人充滿期待。可以一頁接著一頁，編造出專屬於那個人的故事。

　　我剛開始將雷諾曼卡介紹給大家的時候，當時雷諾曼卡的種類並不多，也幾乎沒有人曉得這種卡牌。不過很慶幸的是，目前市面上已經有圖樣豐富的雷諾曼卡，而且占卜方式只要上

網搜尋，就能略知一二了。因此創作本書原是希望能適用於中、高級占卜者參閱，但是後來我特別堅持用最「淺顯易懂」的方式來呈現。

　　雷諾曼卡其實是很單純的牌卡，卻具有非常深奧、無限的力量。想要根究其真髓，就必須從根本基礎下手。本書雖然秉持著最「淺顯易懂」的原則，可是並非專為初學者而創作，對於已有占卜經驗的讀者而言，書中內容還是能成為有史以來最強力的後盾。

　　雷諾曼卡編織出的故事，會因為占卜者的知識與解牌技巧，促成快樂的結局或是悲傷的結局。希望大家能藉由《帶來幸福的雷諾曼卡占卜》所學會的知識與技術，讓所有的故事都有個快樂的結局。

　　現在馬上就來翻開故事的第一頁吧！

櫻野KAREN

Contents

Introduction
雷諾曼卡是怎樣的牌卡？

Chapter1
雷諾曼卡的基本知識

Chapter2
解讀基礎篇

Chapter3
解讀實踐篇

〈Reading Method〉

\<占卜實例集\>

Column

書末附錄

本書的使用方式與特色

透過淺顯易懂的細心解說，讓初學者及精通雷諾曼卡的人都能盡情參閱。
按部就班研讀之後，就能輕鬆提升占卜能力。

Introduction
了解雷諾曼卡是怎麼樣的牌卡

學習雷諾曼卡的歷史與本質。

第一步要學習的是雷諾曼卡的基本特性。明白雷諾曼卡的由來及特色，深入了解之後，將有助於解讀出深奧的牌義。

Chapter1
認識36張雷諾曼卡

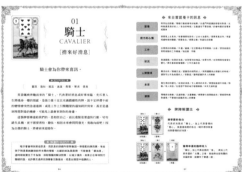

學習每一張牌所具備的涵義、關鍵詞及解讀技巧。

介紹36張雷諾曼卡各自的象徵意義及解讀技巧。右頁則刊載了每一張牌的主要訊息，可以馬上釐清想知道的資訊。

Chapter 2
學習解讀的基礎知識

參考充實的解說
確實提升解讀力！

從簡易的單張牌占卜，到能進一步深入解讀的雙卡占卜，甚至是將雷諾曼卡全部排列出來的大藍圖牌陣占卜，讓大家可以按部就班提升占卜技巧。另外還會介紹獨創的牌陣占卜法！

Chapter 3
精通解讀手法

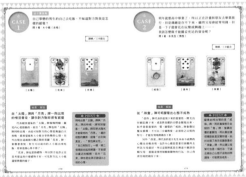

根據豐富的實例學習
專業占卜手法。

作者會針對各式各樣的煩惱及疑問，展開實際的解讀說明。參考專家的占卜方式，學習解讀的竅門。

附錄

· 關鍵詞速查表
· 組合一覽表
· 主題牌一覽表
· 雷諾曼卡 Reading Diary

書末更有充實的附錄內容，強力支援雷諾曼卡占卜過程！善加運用就能更輕鬆愉快地解讀牌義。

如何善用本書？

《帶來幸福的雷諾曼卡占卜》可讓人學到基礎知識，也能精通應用方式，
大家可依照自己的程度及目的善加運用，找出最適合自己的使用方式。

根據自己的程度閱讀

初學者
初次挑戰雷諾曼卡的人，最好從Introduction開始依序研讀。首先要學習雷諾曼卡的基本知識及特色，才能深入體會解讀的樂趣。

中級者
對於整個雷諾曼卡已經了解到某種程度的人，也可從Chapter 2開始讀起，不一定要按照順序研讀。若有感興趣的牌陣，或是想要深入研究的牌陣，可試著從此處著手。

高級者
已經能掌握基本解讀手法的人，可以試著從Chapter 3開始讀起！透過作者的占卜實例，可學到需要一些小技巧的解釋方法以及訊息引導方向，並進一步深入解讀。

視目的閱讀

| 想要提升占卜的技巧 | ➡ | 參考實例集學習豐富的解讀技巧（p.178～197） |

| 占卜到一半迷失方向 | ➡ | 透過問題確認清單整理占卜內容（p.176～177） |

| 不懂得如何選出主題牌 | ➡ | 了解4種主題牌的選擇方式（p.106～107） |

| 想要學習新牌陣 | ➡ | 學習登峰牌陣、雙十字牌陣（p.160～169） |

Introduction

雷諾曼卡是怎樣的
牌卡？

先來學習一下雷諾曼卡的
由來及特色。
了解基本知識後，
才能作出深入的解讀。

何謂雷諾曼卡？

源自中世紀法國人氣女占卜師的牌卡

雷諾曼卡是一種占卜牌卡，命名自18～19世紀期間，在法國活躍一時的占卜師雷諾曼夫人（Mademoiselle Lenormand）。

雷諾曼夫人擅長占星術、手相及咖啡占卜，是一位備受眾多知名人士及權勢富豪信賴的人氣占卜師，她留下了許多輝煌事蹟，例如曾經準確預言拿破崙會達到權力巔峰，甚至受到拿破崙皇后的寵愛，不過她的真實人生卻充滿著謎團。

另外很多人往往會產生誤解，事實上她自己似乎從未使用過雷諾曼卡。以雷諾曼卡為原型的牌卡，其實是在她去世三年後才誕生於世。相關來龍去脈眾說紛紜，不過目前最有力的說法，應該只是出版社企圖攀附雷諾曼夫人的名氣，才如此命名雷諾曼卡，所以和雷諾曼夫人完全沒有關係。

雷諾曼夫人是位蒙上神祕面紗的占卜師，一切真相依舊無法釐清。而雷諾曼卡這套牌卡，就是源起於這樣一位不可思議的女性。

藉由無窮無盡的解釋，編織出專屬於你的故事

　　雷諾曼卡的魅力，歸根究柢就是因其質樸又可愛的眾多主題圖案。每一款圖樣，包含幸運草、鳥、船、老鼠以及愛心等等，都是大家十分熟悉的圖案，甚至連小孩子看過一眼，就能補捉它的涵義。雖然淺顯易懂的主題圖案為其一大特色，不過將幾張牌卡組合起來之後，又能發展出深奧的解讀方式，這正是雷諾曼卡最吸引人之處。舉例來說，「愛心」與「十字架」的組合，代表著「命中註定的戀人」，此時再加上「戒指」的話，就是意指「命中註定的戀人提出求婚」。將雷諾曼卡的關鍵詞串聯起來之後，解釋就會無限擴充。

　　在雷諾曼卡的牌陣當中，將36張牌全部展開的大藍圖牌陣堪稱壓軸。一張圖畫就能將問卜者涉及的世界展現出來。因為問卜者的愛情、工作、人際關係、過去、現在及未來等所有的一切，全都描繪在這些圖畫當中。

　　這種前所未見的雷諾曼卡占卜法，必須全面開啟想像力，解讀每一個人的故事，才能逐一解決問題。感到迷惘不解時、想看清未來時、想要進一步和自己對話時，請你靜下心來，用雷諾曼卡占卜看看。牌卡圖畫將會釋放訊息來引導你，描繪出專屬於你的故事。

雷諾曼卡與塔羅牌的不同

	雷諾曼卡	塔羅牌
起　　源	18世紀末	15世紀中期
牌 卡 張 數	36張	78張
象　　徵	以熟悉的概念為主題呈現出淺顯易懂的簡單圖樣，可藉由圖樣直接捕捉其涵義。	除了人物及主題之外，還會以抽象概念、歷史上的神祕象徵作為圖樣。可以做出範圍較大的解釋。
解　　釋	運用遠近關係。從擺牌方式、與周圍牌卡的位置關係、牌卡組合等進行解讀。	有正位與逆位。即便為同一張牌，有時也會因為方向不同而代表完全相反的意思。

雷諾曼卡會指點我們的事情

愛情、工作、財富、人際關係……
對於任何煩惱都會告訴我們最貼切的答案

不管任何方面的煩惱或迷惘，雷諾曼卡都會陪我們一同度過，成為你最強力的後盾，讓你勇往直前面對每一天。當你正面臨困境，覺得無法掌控時，它會為你引導前進的方向，提供你啟示解決問題，在背後溫柔地推你一把。接下來便為大家詳細解說一下，雷諾曼卡可以占卜出哪些事情。

愛情

包含喜歡的人心情如何，還有對於你的印象，甚至是二人的未來都能解讀出來

擔心二人現在的交往情形以及未來的發展時，不妨靜下心來用雷諾曼卡占卜看看。譬如你現在有正在交往的對象，就能問問看兩個人合不合得來，或未來的可能性等等。如果是單戀的話，也可以試著問問意中人對你的印象如何，或是今後發展的可能性，還有怎麼做才能吸引對方的注意等等。利用將36張牌全部排開的大藍圖牌陣占卜法，就能透過代表自己與對方這2張卡片之間的位置關係、距離以及視線方向，一目了然地解讀出二人的親密度與對於愛情的心態。只要能了解阻擋在二人之間的問題，並知道如何解決，相信一定可以讓未來朝向期望的方向發展。

用冷靜的角度解析目前面臨的狀況

其實人反而會看不清楚自己目前所面臨的狀況，尤其因為惱人問題占據整個心思的時候，視野就會在不知不覺中變狹隘。不過雷諾曼卡可以為我們客觀地分析現狀，因此當你感覺走頭無路時，請一定要用雷諾曼卡占卜看看。它會告訴你現在正面臨怎樣的狀況，還有接下來該做些什麼才能解決問題。從自己無法察覺的觀點所提出來的建議，說不定會讓你有茅塞頓開的感覺。

問問看必須怎麼做才能在工作上如魚得水
展現個人風格

煩惱職場上的人際關係，感覺自己心有餘而力不足，或是不知道自己適合哪方面的工作……有關這些工作上的各種煩惱，雷諾曼卡也能告訴我們答案。對於在意的事情，像是重要的專案如何推動，以及職涯發展的時機點等等，雷諾曼卡都會給我們明確的解答，甚至還會傳授我們建立良好人際關係的祕訣喔！當然包含籠統的困擾也能得到答案。雷諾曼卡將會提出建議，讓我們能工作愉快，並提示我們應該前進的方向。

財富 讓人感到真正富有的提示就在牌卡當中

就連需要一點勇氣才能向人提起的金錢問題，也能在36張牌當中毫無顧忌地坦率提問。例如財運何時會變好，或是怎麼做才能得到滿意收入這類的問題，雷諾曼卡都會告訴我們明確的答案，所以不安的情緒也會緩解下來。除了金錢以外，有時候雷諾曼卡也會給我們提示，讓人感到「真正的富有」。最能溫暖你內心的事物是什麼呢？當你腦海中浮現出這個答案之後，說不定就能因此遇見你真正的內心所求。

雷諾曼卡占卜會召來幸福

每次占卜都會使人變得正向積極

　　雷諾曼卡的特色，在於每張牌的主題圖案都會讓人很有親切感。可愛的外觀除了會讓人心情很好之外，多數都能使人感受到正向涵義，這點也是雷諾曼卡最吸引人的地方。每一張牌都會溫柔地為人帶來勇氣，因此每次占卜的時候，都會被積極正向的情緒全面包圍。

　　此外，雷諾曼卡的高命中率，也是讓我的學員最驚訝的一點。不但會明示結婚的時機點以及工作未來的發展，接下來還會引導我們前進的方向，因此可以清楚知道自己今後該怎麼做才好。

36張牌全都是你的最佳後盾

　　即便占卜出來的結果是負面的，也未必就會發生不好的事情。這些牌卡頂多只是在給我們忠告，讓我們避開不好的事情。只要能夠參考接下來的牌，解讀出未來將發生哪些事情，就能避開這些麻煩。而且就算出現了讓人感到重重阻礙的牌，只要解讀成自己可從這段過程獲得哪些成長機會，或是自己在未來會如何進步，肯定可以看見充滿希望的未來。所以任何一張雷諾曼卡，都等同是你的最佳後盾。

每天都能從眾多牌卡獲得豐富訊息

　　越是能夠與雷諾曼卡緊密連結，深入理解一張張雷諾曼卡所蘊藏的涵義，越能從日常生活中頻繁獲得一些訊息。

　　舉例來說，當眼光停留在花店門口擺放的花束上，隨即聯想到代表禮物的「花束」牌，於是靈光一閃：「說不定會收到驚喜禮物」；或是看見野外的幸運草，接著想起了象徵幸運的「幸運草」牌，於是開始期待「可能會發生什麼好運的事情」。甚至是突然抬頭望見天空中浮雲的顏色及形狀，結果讓人感應到今後的運勢，所以從此都能在不錯失機會下，敏銳察覺發生在自己身上的所有徵兆。即便沒有實際抽牌，透過日常生活中的一切場景，都能使人時時刻刻完全沉浸於解讀的感覺當中……如此美好的日子，現在正等待著你。

神祕又溫柔的雷諾曼卡，將帶你正視本心

每次翻牌，
就會讓人更珍惜眼前的每一天

雷諾曼卡會將自己在過去、現在、未來的處境，以及自己和所愛之人、身邊眾人之間的關係等，完全呈現出來讓我們知道。逐步將2張、3張、5張……甚至於全部36張為數眾多的雷諾曼卡展開之後，即可深入探究其內涵，因此具有非常大的吸引力。完全像是在閱讀一篇故事一樣，令人回味無窮。

再者，每一張牌除了蘊含象徵涵義及訊息之外，在解讀的過程中，還會充分活用到自己的感性及想像力。譬如有養狗的人，也許會覺得「狗」牌是「狗狗想表達要你陪牠多玩一會兒」的信號，所以可以好好重視這方面的靈感，藉由這種方式，就能逐步編織出專屬於你的故事。

越是能夠與雷諾曼卡進行深入交流，越能實際地強烈感受到，眼前的日常生活就是你故事中十分重要的一頁篇幅，而且你一定會在某一天有所察覺。所以說，你的故事將可以由你自己創造出快樂的結局。

翻開的雷諾曼卡會告訴你
心中的聲音

「自己的事情自己最了解」，相信很多人都是這麼想的，但是這句話究竟正不正確呢？如果完全了解自己的話，為什麼我們每一天都如此煩惱呢？

這是因為自己對於自己的了解，不過是九牛一毛。現在請你抽出一張雷諾曼卡，接著再請你提問：「自己最開心的事情是什麼？」「自己最難過的事情是什麼？」「自己想做什麼事情？」「自己有什麼希望？」

如果出現的是「船」牌，也許你真正想要做的是增廣見聞，想航向汪洋大海，而你卻一直隱藏著這樣的滿腔熱血；如果是「鸛鳥」牌，或許你希望能活躍在世界的舞台上；如果是「樹木」牌，可能你內心一直希望誰來療癒你，或是你想要去療癒某人。就像這樣，針對你的提問所出現的牌，將會暴露出你的真心想法。

利用雷諾曼卡和自己對話，你就能開始聽見自己內在的聲音，認識你從來不了解的自己。若能藉由這種方式傾聽自己的聲音，貼近自己的想法，你就可以從容自在地接受自己，甚至於自己以外的人。

你是否在不知不覺間，掩蓋了自己的聲音呢？想要幸福的生活在這世上，必須要接受自己才行。當你能夠完全地接納自己，好好地愛自己，就不會因為芝麻小事而感到煩惱。相信雷諾曼卡在這方面會成為你的一大助力。

越是懂得透過雷諾曼卡，和重要的自己面對面溝通的人，一定會越來越愛自己，也會珍惜自己活著的每一天。

36張雷諾曼卡一覽表

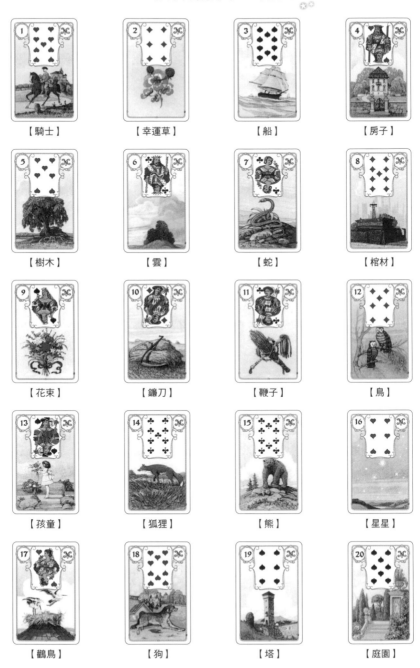

【騎士】	【幸運草】	【船】	【房子】
【樹木】	【雲】	【蛇】	【棺材】
【花束】	【鐮刀】	【鞭子】	【鳥】
【孩童】	【狐狸】	【熊】	【星星】
【鸛鳥】	【狗】	【塔】	【庭園】

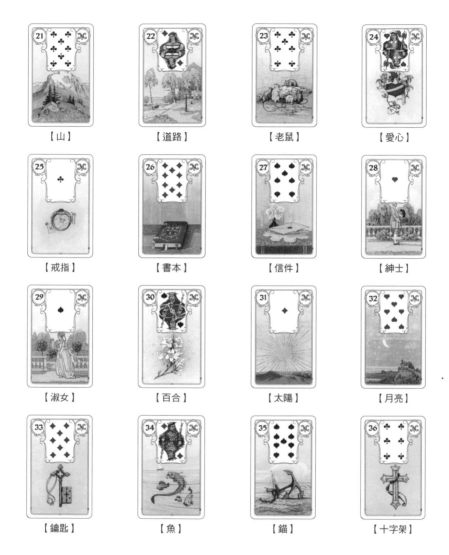

【山】　　　　　【道路】　　　　　【老鼠】　　　　　【愛心】

【戒指】　　　　　【書本】　　　　　【信件】　　　　　【紳士】

【淑女】　　　　　【百合】　　　　　【太陽】　　　　　【月亮】

【鑰匙】　　　　　【魚】　　　　　【錨】　　　　　【十字架】

Column 1

挑選適合自己的
雷諾曼卡

　　最近雷諾曼卡的種類也變得豐富起來，剛入門的人一定會不知道如何挑選才好吧！挑選雷諾曼卡的重點，首要條件就是「紳士」和「淑女」要相互凝視，這樣才能從雙方的方向及位置關係，解讀出人物之間有何關聯。其次是雷諾曼卡的尺寸最好不要太大，否則在「大藍圖牌陣」使用全部36張牌的時候，要是雷諾曼卡尺寸太大就會很占空間，所以建議大家用小尺寸的雷諾曼卡才方便占卜。

　　另外還有一個重點，記得要靠直覺挑選自己「感覺不錯」的雷諾曼卡。用自己喜歡的雷諾曼卡來占卜的話，不但心情會變好，靈感也才容易湧現，使注意力得以集中。通常我在為別人占卜的時候，也一定會準備好幾種雷諾曼卡，讓問卜者挑選喜歡的牌來占卜。

　　如果這樣還是不知道如何挑選的人，我推薦大家使用本書刊載的「藍貓頭鷹雷諾曼卡」（Blue Owl Lenormand），這款雷諾曼卡屬於歐洲最標準的款式，不但滿足上述條件，也是我第一次占卜所使用的牌卡。請大家選擇適合自己的雷諾曼卡，盡情地解讀牌義吧！

Chapter 1

雷諾曼卡的
基本知識

依序來看看雷諾曼卡上描繪的內容，
以及36張牌分別的涵義。
在這裡學習到的一切，
都能在實際的解讀過程中
加以運用。

雷諾曼卡的特色與本質

　　雷諾曼卡36張牌當中，各自有其象徵涵義以及要傳達給我們的訊息，而且所有的牌都具備好幾個「關鍵詞」。例如「愛心」牌便具備了「愛情」、「熱情」、「心動」等關鍵詞，因此須配合自己當時的狀況與直覺，領略靈光乍現的訊息。

　　或是當你感應到僅適用於自己的信號時，當然也可以採納這些信號，這就是雷諾曼卡的魅力所在，大家可以像這樣自由解讀。

雷諾曼卡上描繪的內容與解讀方式

【編號】
所有的牌都會標上1～36的編號。

【撲克牌標示】
雷諾曼卡的撲克牌標示是根據32張～36張牌組成的「Piquet」卡。

【主題插圖】
牌中主要的插圖。從這張插圖浮現出來的想法，就能當作是雷諾曼卡要給你的訊息。

　　為了事先掌握雷諾曼卡的本質，必須好好了解一下描繪在牌卡上的內容，還有牌卡的解讀方式。本書使用了「藍貓頭鷹雷諾曼卡」為大家作說明。牌卡上都有標示1～36的編號，並畫有插圖。例如24的「愛心」牌上，畫著鮮紅色的愛心被五顏六色的玫瑰團團包圍，光看就會讓內心澎湃起來。出現這張牌的時候，當然可從基本的關鍵詞進行解讀，如果看了這個插圖後會直覺聯想到什麼的話，也可以直接解讀這些訊息。

24

藉由雷諾曼卡組合
進一步深入解讀

　　從好幾張牌的組合解讀出牌義的「牌陣解讀法」，是雷諾曼卡會讓許多人傾倒的理由之一。當然只抽一張牌的「單張牌占卜」，也會給我們明確的建議，不過另外再抽牌出來占卜的話，將可進一步深入解讀，展開更加細膩的牌義。現在就來看看「愛心」牌與其他牌一同出現時的例子。

浪漫的愛情

代表「愛情」的「愛心」，搭配上意指「浪漫」的「月亮」之後，就能解讀成「浪漫的愛情」。

專注投入工作

「愛心」也表示「熱情」這個關鍵詞，此時加上象徵「工作」的「錨」之後，即可視為在暗示專注於工作的情形。

　　大家覺得如何？像這樣加上其他牌之後，雷諾曼卡要告訴我們的答案細節就會逐漸變清晰，精準度便會提升。相信你一定也會覺得，命中自己狀況的比例不在少數。

　　不過像這次介紹的牌陣牌義，只是其中一個代表範例。如果你有湧現某些直覺，或是突然感應到哪些訊息，最好採用這方面的牌義。譬如你的興趣是觀測天象的話，最近你也許會和很喜歡的人一起欣賞美麗的月亮，或者你平常是從事船舶相關工作的人，肯定會對「錨」牌懷抱著特別的印象。請大家一定要好好重視這種「專屬於自己的感覺」喔！

01
騎士
CAVALIER

［捎來好消息］

騎士會為你帶來喜訊。

❋ KEYWORD ❋

[喜訊、通知、邂逅、速度、勇氣、菁英、信差]

英姿颯爽奔馳而來的「騎士」，代表著好消息或好事來臨，充斥著人生將搖身一變的預感，是張力量十足且充滿戲劇性的牌。說不定停滯不前的戀情會突然急速進展，或是工作上引頸翹望的通知終於到來，甚至是遇到理想對象的機會，可能馬上就會來到你的身邊。

這張牌要傳達給我們的，是相信自己，而且重點是要盡快行動，切勿錯失良機，更不需要害怕、膽怯。相信未來會閃閃發光，勇敢向前吧！因為自傲的騎士，將會前來迎接你。

❋ 解讀的 POINT ❋

暗示著會得到某些訊息，而訊息的詳細內容則會因一旁搭配的牌而異。有些例子則是單純聽到前所未聞的情報。比鄰的如為負面牌，可能會是「壞消息」，這時候就要先下手為強，採取積極的解決對策，以減少損失。如果正在等待對方聯絡的話，也許要反過來找到機會主動接洽，或是出現居中協調的人。

✦ 來自雷諾曼卡的訊息 ✦

愛情	突然拉近距離／積極行動就會有好結果／出遠門時認識談戀愛的對象／此時會遇見很好的人／告白的時候／主動進攻不要放棄／約會時最好搭電車或開車
對方的心情	很想馬上去見你／有事情想告訴你／以女士為優先／想要更靠近你／希望相處時保持禮貌／想要告白／想要主導／希望拉近距離
工作	出現很好的機會／升遷／創業／在交際場合得到機會／出差／想找就能找到更高階的工作機會／物流業、司機
狀況	急速展開／收到好消息／收到等待的物品／前景光明／收到情報後會發生變化／勇往直前就會獲勝／工作充滿自信
人際關係	尋求伙伴／積極交流／認識目的相同的人／與周遭關係出現變化的時候／遇到可以作為後盾的人／受歡迎／獲得認識許多人的機會
未來	發生很好的變化／收到好消息／令人期待的未來／學習就能提升技能／移動／有人來訪／在意想不到的地方發現機會／未來充滿希望
建議	積極抓住機會／迅速移動／注重禮儀／想要變化就要動起來／要能即時應對處理／不要錯失認識其他人的機會

✦ 牌陣解讀法 ✦

【騎士】〈好消息〉　【愛心】〈愛情〉

接受愛的告白

代表好消息的「騎士」，加上代表愛情的「愛心」，就是意指愛的告白。暗示很快就會收到愛情的好消息。

【騎士】〈好消息〉　【魚】〈金錢〉　【太陽】〈幸運〉

獲得幸運的臨時收入

「騎士」加上代表金錢的「魚」，再加上代表幸運的「太陽」之後，意指與金錢有關的幸福來到，就像中了樂透一樣。

02
幸運草
CLOVER

［幸福的事情］

領略意料之外的幸運事件
帶來的幸福感覺。

❋ KEYWORD ❋

機會、幸福感、滿足感、小確幸、幸運、守護、樂觀、勝利

偶然發現四片葉子的幸運草時，任誰都會感到欣喜雀躍。「幸運草」牌要告訴我們的，就是意料之外的機會降臨了，例如獲得臨時收入、願望實現⋯⋯會讓人不由自主想跳起來的幸運從天而臨。只是有一點遺憾的是，「幸運草」帶來的幸運十分短暫，希望大家要心裡有數，這段期間僅限於幾天之內。領略過幸福的感覺之後，就要再次重新修正自己。也許這張牌要教導我們或是希望我們留意的重點，就是要像這樣一步步向前邁進，讓我們明白幸福並不遙遠，就在我們的腳下。

❋ 解讀的 POINT ❋

周圍的牌會帶來好的影響，因此幸福會倍增。只是「幸運草」顯示的幸運是短暫性的，所以切記要張開天線以免錯失良機。另外還要特別留意與負面牌擺在一起的時候，比方說「雲」＝壞運，「蛇」＝出現嫉妒幸運的人，因此有可能會發生一些不好的事情，所以必須格外小心，以免遇上壞事。「幸運草」也會給我們幸運物的提示，所以要搭配周圍的牌一同思考看看。

◈　來自雷諾曼卡的訊息　◈

愛情	出現意想不到的戀愛機會／愛情運十分順利／比對手領先一步／遇見理想的人／從友情發展成愛情／參考周遭的建議去發展
對方的心情	感謝相遇的機會／好印象／感到安心／積極的想法／內心平靜／在一起時很快樂，接下來會有所進展／愛慕著你／想成為你的後盾
工作	藉此機會展翅高飛／努力過後聽天由命／高收入的良機／獲得意想不到的收入／短期性的工作／與植物及農業等大自然相關的行業
狀況	現在正是走運的時候／好運當頭／幸運從天而降／下賭注在積極的一方／多少冒些風險也無妨／有利可圖／享受當下
人際關係	建立起良好的關係／有人提出不錯的建議／某人會帶來幸運／快樂又充實的交流／應對時身段要放軟／投機取巧的人／笑聲不斷的美好關係
未來	近來會有臨時收入／喜從天降／利用一點機會就能解決／絕妙靈感從天而降／暫時好轉／資金周轉順利／得到夢想的權力或地位
建議	善用幸運機會的時候／付諸行動以免錯失小小的幸運／不要過於相信暫時的幸運／抓準時機付諸行動／事先將天線張開

◈　牌陣解讀法　◈

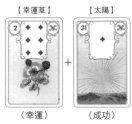

【幸運草】　　**【太陽】**

〈幸運〉　　〈成功〉

一切都會一帆風順
「幸運草」再加上象徵極大幸運的「太陽」，意指幸運度將達到最高潮，可期待工作上會功成名就或是戀愛成功。

【幸運草】　　**【老鼠】**　　**【雲】**

〈幸運〉　　〈損失〉　　〈停止〉

須留意不小心的失誤恐導致狀況惡化
意指樂觀的「幸運草」，加入代表損失的「老鼠」和代表陰影的「雲」，暗示著一直以為這樣沒什麼大不了的失誤，將造成很大的問題。

03
船
SHIP

［旅行、挑戰］

如同汪洋大海，
充滿無限的可能性。

◆ KEYWORD ◆

挑戰、冒險、起程、旅行、自我提升、外國、自由業

　　果敢朝向汪洋大海前進的「船」，參閱牌卡的圖畫，彷彿在告訴我們離開住慣了的場所，以異國為目標的人們心中滿是期待與興奮之情。

　　「船」牌象徵著挑戰和冒險，暗示你的未來前程似錦。呈現出將老舊舞台拋諸腦後，大張旗鼓起程前往新世界的感覺，或者也是在表示有機會到外國體驗生活、從事全球性的工作以及認識外國人。無論如何，相信充滿夢想和希望的未來正在等待著你，你眼中的景色將會為之一變。

　　船長就是你，你要把著舵乘風破浪，去抓住你期望的未來。

◆ 解讀的 POINT ◆

　　「船」是代表挑戰的牌，現在正是擺脫迷惘，勇往直前的時刻。比鄰的牌若為正面牌，更要積極地朝著自己的夢想行動；比鄰的牌若為負面牌，最好要重新檢視計畫，累積經驗後再行動。另外要去嚮往的地方旅行、安排外國留學計畫、跨國戀愛以及無法當天來回碰面的遠距離戀愛時，也經常會出現這張牌。

⟨ 來自雷諾曼卡的訊息 ⟩

愛情	放大對象範圍別拘泥於理想型／依照自己的想法決定方向／展開新戀情／主動接近喜歡的對象／掌握主導權／旅行時會有豔遇／與外國人相戀
對方的心情	內心動搖／想要獲得自由／對未來充滿期待／發揮包容力／想去遠方／想要冒險／希望能一起追夢／感到興奮／擁有許多夢想及願望
工作	轉換想法另闢新徑／拓展市場／全球性的工作／關鍵在於決斷力／開始找工作／大眾運輸工具／自由業／派遣業／旅行業／海運業／貿易
狀況	必須行動的時刻／拓展更廣大的範圍／出發去旅行的時刻／往新舞台邁進／與外國結緣／出道／時機成熟／勇往直前／深思熟慮後再行動／追夢的時刻
人際關係	認識的人越來越多／與伙伴合作朝目標邁進／在不同團體間遊走／建立人脈／身邊的人會帶來有益的幫助／由你主導
未來	發展超乎預料／帶給他人影響／迎接人生中的新事業／接受新挑戰後有所成長／事情一口氣順利進展／有更多可能性／憑一己之力獲得／逐一克服
建議	大膽行動不要受限於舊觀念／突破框架才是開運的關鍵／再迷惘也要先做再說／重視挑戰精神／轉變就會帶來好的結果／選擇前去遠方

⟨ 牌陣解讀法 ⟩

【船】　　　　【山】

〈外國〉　　　〈困難〉

能夠克服難關
表示能堅強穿越狂浪的「船」，會克服眼前的難關。

【船】　　　【戒指】　　　【花束】

〈前進〉　　　〈約定〉　　　〈禮物〉

接受求婚步入禮堂
「戒指」與「花束」的組合代表求婚，此時再加上「船」的話，表示從此展開婚姻生活。

04
房子
HOUSE

［家庭、原點］

能窩在家裡放鬆休息的
安心感和療癒感即將到來。

❀ KEYWORD ❀

［　家人、房間、安心的場所、當地、故鄉、不動產、私領域　］

　　房子不但是生活的基石，也是最令人安心的空間。家可以療癒疲累的身心，為我們充飽能量面對明天，是個很重要的地方。

　　「房子」牌就像我們對自己家裡所抱持的印象，意指安息的場所、心之歸屬。當然有時也會單純意指家、家人及家庭生活。另外也能解讀成這張牌在建議我們要暫時回到原點。如果是在占卜在意的人心情如何時出現「房子」牌的話，可能對方與你在一起的時候，就像待在自己家裡一樣會感到十分安心，也許內心覺得你已經接受了毫無修飾的自己。

❀ 解讀的 POINT ❀

　　聚焦在家人、家庭生活的問題時會出現的牌，此時無論好壞都與家人息息相關。必須參考周圍的牌，才能解讀當下發生了什麼事情。另外有時也是在勸我們必須換個角度重新思考看看，也可以對舒適的室內設計講究一點。占卜在意的人心情如何或狀況如何時，出現這張牌可能代表對方正在煩惱家人的事情，請你要好好關心對方，靜靜守護著他吧！

來自雷諾曼卡的訊息

愛情	感覺舒適／最好在家或室內約會／像像人一樣守護對方／有機會和當地人陷入愛河／兩人交往得到家人認可／愛巢／最好要展現出家庭氣氛
對方的心情	十分體貼／可以放下心來感覺很愉快／有家庭的感覺／非常放鬆自在／感覺就像家人一樣／覺得很平靜／想要變親密／希望能結婚
工作	居家辦公／有居家氣息的公司／家族經營／製作網頁／在當地就職／取得休假／重視自己的團隊／不動產業／中小企業／建築公司／開張
狀況	能得到親人的援助／私生活十分充實／成為活動據點／正視家庭問題的時候／可以安心下來／正在鞏固基礎／重視家庭／沒什麼變化
人際關係	長久持續的良好關係／提示是在家裡的人／在家喝酒／與家人相聚／和鄰居來往／保持適當的距離／同鄉／變保守／變得更加親密
未來	回老家／感情變得更好／購入不動產／得到滿意的結果／家裡人和自己聯絡／持有據點／狀況穩定／由攻轉守／家人會提供建議
建議	鞏固基礎／暫時重返原點的時候／家庭氣氛奏功／開家族會議做決定／需要家人的協助／維持原狀即可／改善居住環境

牌陣解讀法

【房子】〈家庭〉　＋　【花束】〈喜悅〉

家有喜事

代表家庭的「房子」和代表慶祝的「花束」，預料在家裡會發生喜事。另外有時也會解讀成花店。

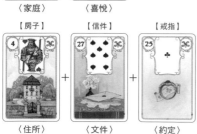

【房子】〈住所〉　＋　【信件】〈文件〉　＋　【戒指】〈約定〉

租賃契約書、房屋權狀

表示住所的「房子」，加上表示約定的「戒指」與表示文件的「信件」，即可解讀成房屋的合約書。

05
樹木
TREE

［健康、成長］

就像剛萌芽的樹木不斷成長，
一步步穩健茁壯。

❀ KEYWORD ❀

健康運、生命、身體狀況、發展、發育、療癒、長壽、永遠

　　就像嫩芽經過很長時間長成大樹一樣，「樹木」牌暗示著專心致志不斷努力的模樣。另外有時也能從根深大地的模樣進行聯想，代表生活的基石。

　　無論在工作或私領域上，我們總會不由得急著看到成果，但是這張牌要告訴我們的，就是凡事莫著急。就算植物經過一個晚上感覺不出戲劇性的變化，但是今天比起昨天，明天比起今天，其實都有確實長大，不久後就會完全轉變成枝繁葉茂的蓊鬱大樹，而我們也會和植物一樣慢慢變化。安撫焦急的心情，孜孜不倦地踏實努力，未來一定能夠得到豐厚的成果。

❀ 解讀的 POINT ❀

　　這張牌與健康及康復有著密切關係，必須仔細觀察，留意一下附近圍繞著哪些牌。如果是負面牌居多的話，也許得要留意健康的問題。另外有時也是在告訴你關於生活基石的訊息，可能與要在何處設立據點、何處扎根這類的重點有關。此時所做的決定將會長久影響往後的人生，所以要花時間慢慢思考一下。

❧　來自雷諾曼卡的訊息　❧

愛情	經人介紹下會獲得良緣／逐步培養關係／考慮未來後再挑選對象／有緣分／耐心地進攻／長久持續的關係／好好交往別急著想未來的事／順其自然最好
對方的心情	想要長久在一起／想要保持聯繫／覺得對方讓自己充滿活力／不急著結婚／心情平靜／想要接受／想要減少個人主張／想要執行重大計畫／想要好好培養關係
工作	成長期／選擇看得見未來的工作／長久持續／在穩定的企業工作／順利升遷／世代交替／醫療方面／與網路有關／與大自然相關的工作
狀況	還需要花點時間／需要忍耐的時刻／專心致志好好努力／接下來還會繼續下去／進展緩慢／具有未來性／穩定且順利／著手開拓的時刻
人際關係	善用網路資源／自然而然拓展人際關係／留意能量吸血鬼／可透過人際關係獲得援助／最好不要馬上斷絕關係／眼光放遠
未來	慢慢擴展／對健康感到不安／大幅發展／維持關係／子孫滿堂／由下一代繼承／基礎穩固，卓有成效／生活習慣會反應在身體上／順利成長
建議	避免囤積壓力／最好要花點時間／現在要暫時忍耐／嚴禁焦急／試著找出源頭／維持生活規律／專心致志地堅持下去終究會成功

❧　牌陣解讀法　❧

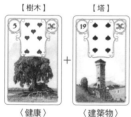

醫院

代表健康的「樹木」與代表建築物的「塔」，即可解讀成醫院。「塔」尤其意指綜合醫院這類的大型建築物。

體重增加的警告、減肥

代表健康及身體的「樹木」，加上象徵嚴厲的「鞭子」與象徵削減的「鐮刀」，可解讀成為了健康要進行減重。

35

06

雲
CLOUDS

［暫時停止］

濃雲密布是「暫時停止」的信號，
現在要和自己對話，以備來時。

❀ KEYWORD ❀

[混亂、不安、不透明、迷惘、困難、禁止外出、灰色地帶、妨礙]

　　「雲」是暫時停止的信號，使人有一種正在進行的事情將每況愈下的預感。如同濃雲密布時會看不見太陽及星星，有時候這也是在給我們忠告，現在正忽略了重要的事情。無論如何，建議大家要暫時停下腳步，好好地正視事情的本質以及自己的心。

　　並非一味猛進才是好事，人生有時還是需要休息或是停下腳步。當你判斷「現在不是時候」，就要提起勇氣暫時休戰。萬物會流轉，狂風暴雨也一定會散去。等到耀眼的太陽露臉時，再行動也絕對不遲。

❀ 解讀的 POINT ❀

　　出現「雲」這張牌時要特別留意，它會使旁邊的牌出現不同的牌義，因為雲會遮蓋「星星」、「月亮」，阻擋「太陽」的強光。無論是哪一張正面牌，它所具備的正向意義都會因為「雲」而受到阻礙。而且要記住一點，「雲」牌會採用逆位來解讀。當比鄰的牌出現在明亮的（白）雲旁邊時，表示會有一直需要解決的問題，如果是出現在烏（黑）雲旁邊，代表問題接下來會惡化。

❧　來自雷諾曼卡的訊息　❧

愛情	看不清對方的真心／不知道現在戀情的走向／暫時感到不安／曖昧的關係／約定不易執行／難以實現／波濤洶湧的愛情／關係暫時受阻
對方的心情	有事隱瞞／懷疑加深／情緒低落／壓力很大／感覺難以捉摸／內心亂糟糟／現在想要保持一點距離／妄想傾向／不開心／誤解中／看不見未來
工作	無法掌握工作內容／在不安下進行／對未來感到茫然不安／交易對象不可靠／蕭條／對事情的判斷力遲鈍／無法預見／灰色地帶
狀況	看不見未來而感到不安／低潮期／目前還沒有把握／難以掌握的狀態／出現陰影／問題會隨著時間而解決／前景堪慮／天氣不佳／遇到阻礙
人際關係	關係中有看不清的部分／狀態混亂／被人蒙騙／斷絕聯絡／時機不佳／需要時間才會變親密／現在感情失和／說與不說的困擾／看不見真心
未來	不明確／無法解釋原因／不透明／逐漸式微／再這樣下去會發生問題／消失無蹤／解讀趨勢的時刻／即將被關禁閉／一路惡化
建議	釐清曖昧不明的事情／收手暫時喘口氣的時候／稍待片刻直到消停為止／拿出勇氣確認狀況／先看看情況再做決定／看清本質再主動出擊

❧　牌陣解讀法　❧

【雲】　　　　【庭園】

〈停止〉　　　〈活動〉

活動延期

表示暫時停止的「雲」，與象徵群聚活動的「庭園」結合之後，即可解讀成開幕典禮會延期。

【雲】　　　【太陽】　　　【星星】

〈覆蓋〉　　　〈光榮〉　　　〈人氣〉

人氣受到影響

代表光榮的「太陽」與象徵人氣的「星星」被「雲」覆蓋之後，即可解讀成目前人氣暫時低迷的訊息。

07
蛇
SNAKE

［惡意］

考驗智慧與勇氣的時候，
才能掙脫甜蜜陷阱及誘惑。

❋ KEYWORD ❋

[惡行、壞運、壞事、背叛、嫉妒、重生、陰暗、對手]

蛇會以驚人的執念捕獲獵物，再慢慢地奪取其生命。這張牌出現時，必須留意在你身邊出現了迫切的危機，這種危機也許是遇見一個會巧言令色誘惑你的異性，乍看之下是甜言蜜語，事實上只是將你吸乾的騙局。另外也可能是某人強烈嫉妒著你。但是不管在任何情況下，都會有辦法解決。請用冷靜的判斷力和勇氣好好保護自己。「蛇」牌也意指知性的女性，所以可期待有能力的女性將助你一臂之力。只不過這個人是否真的值得信賴，還是需要你自己仔細分辨。

❋ 解讀的 POINT ❋

「蛇」的天敵是「鸛鳥」，如果「鸛鳥」牌出現在「蛇」牌旁邊，就會抵消不好的涵義，剩下「重生」、「睿智」等好的涵義。另外「蛇」並不喜歡「百合」的香味，因此當「百合」牌出現時，代表在事情爆發前還有時間猶豫，應在此時提出對策。蛇牌如果是出現在距離本人牌很遠的地方，就不是在預告會帶來災禍，多數是在表示你會和乍看之下冷漠或是難以取悅的人扯上關係，最好用理性的角度重新檢視對方的內在。有時候也只是單純表示大排長龍、纏繞在一起的毛線等等。

❧ 來自雷諾曼卡的訊息 ❧

愛情	緣分淺／糾纏不休的對象／倍感束縛的愛情／背叛／受到誘惑／總是很難拉近距離／演變成跟蹤狂／三角關係／感情復活／一夜情的關係
對方的心情	感覺很難靠近／深深嫉妒／懷有惡意／冷淡／黑箱操作／不懷好意／感到厭惡／有預謀／自尊心高／占有欲強／企圖欺騙／十分執著
工作	笑裡藏刀／身邊有人想騙錢／出現對立的人／對尖銳指摘招架不住／被人盯上／敵人就在身邊／同行知門道／計畫受阻
狀況	容易受騙的時候／遭謊言愚弄／需要警戒／脫胎換骨的時候／靠智慧加以克服／狀況複雜／牽扯上好幾個問題／遭人虎視眈眈／受人嫉妒
人際關係	被人扯後腿／身邊出現巧言令色之人／上當受騙／聰明的女性會幫助自己／因嫉妒而失和／不是只有好人／無法看穿壞人／遇到麻煩事
未來	出現迫切危機／被捲入麻煩之中／擺脫不好的狀況／出現懷有惡意之人／曲折離奇難以理解／留意醜聞／複雜化／變得綁手綁腳
建議	應強化防備對策／留意別被狡猾之人搶走一席之地／得到聰明女性的幫助／小心別受人挑唆／善用洞察力／有捷徑

❧ 牌陣解讀法 ❧

【蛇】〈惡意〉　【魚】〈金錢〉

金錢問題

「魚」象徵錢，「蛇」代表惡意或不好的狀況，兩張牌同時出現時，就是在提醒我們金錢方面會出現問題。

【蛇】〈惡意〉　【棺材】〈陰暗場所〉　【雲】〈掩蓋〉

看不見的地方會發生問題

表示陰暗場所的「棺材」，加上掩蓋事情的「雲」隱藏了「蛇」的惡意，意指看不見的地方會發生問題。

08
棺材
COFFIN

［臨終］

一個故事落幕後，
全新的你將會重生。

✤ KEYWORD ✤

結束、終了、死亡、最後、腐敗、停息、沉默、悲傷

收屍的「棺材」，是表示某些事物終了的牌。看不見未來的愛情以及習以為常的人際關係，或是隱瞞真心繼續做下去的工作等等，也許是時候果斷放手了，也具有重頭開始的意思。

某件事情的結束，同時也代表一些新的開始。一直緊抱著各種沉重負擔的話，根本無法再去擁抱新事物。唯有放手騰出空間，才能得到更加適合你的東西。表示別離或失去的「棺材」牌，乍看之下也許會覺得悲傷，但是事實上卻是在告訴你，你的故事將會有一個全新的開始。

✤ 解讀的 POINT ✤

「棺材」牌會造成何種程度的「悲傷結局」，可從比鄰的牌，以及距離本人牌多遠即可得知。距離很遠時，多數是在表示點心的賞味期限、家電製品的壽命等日常狀況，所以不必過分擔心。就像闔上的棺材給人的感覺一樣，有時也是在暗示內心會封閉起來，或是在自己房間、臥室裡閉門不出，一整天混混沌沌有氣無力的模樣。累了的話就不要勉強自己，好好地休息一下吧！

🔹 來自雷諾曼卡的訊息 🔹

愛情	對愛情感到消極╱兩人關係的低潮期╱即將面臨結束╱結束這段感情再投入下一段感情╱無法長久持續的關係╱該放手的時候╱快樂不起來╱放棄戀情╱告別痛苦的愛情╱感到悲傷
對方的心情	沒有說出真心話╱有事隱瞞╱愛情告終╱沉浸在悲傷之中╱沉默╱想要結束╱躲在自己的世界裡╱無計可施╱想要重新開始╱感到筋疲力盡
工作	企畫或提案被束之高閣╱重做╱最後期限迫在眉睫╱找不到新工作╱繼承事業╱案件中止╱審查不通過╱取得休假╱葬儀社
狀況	暫時結束重新再來╱完結╱沒有結束就不會有下一個開始╱監禁狀態╱停滯狀態╱中斷了╱整理╱轉變的時刻╱道路封閉了╱致命的╱閉門不出╱悲傷
人際關係	遺產問題╱隱居╱不再需要的關係╱失去對方╱討厭別人╱疲於應付人際關係╱改變關係╱先不干預直到問題平息為止
未來	痛苦的時刻結束╱世代交替的時候╱取消╱完結╱面臨重大關卡╱變得悲觀而完全停下腳步╱失去動力╱中止預定計畫
建議	接受結束的事實不再執著╱不再依依不捨╱停止回憶過去╱想辦法阻斷外來情報╱需要某些對策╱暫時別牽涉其中，在旁守護就好

🔹 牌陣解讀法 🔹

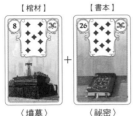

帶進墳墓的祕密
表示墳墓的「棺材」與代表祕密的「書本」，
可解讀成到死都絕對不會說出口的祕密。

因工作而無法脫身的狀態
表示隔離狀態的「棺材」，加上代表工作的
「錨」和意指保守的「塔」，顯示出工作忙
碌無法外出的情形。

09
花束
FLOWERS

[感謝]

心動甜蜜的故事就要展開，
命運綻放的瞬間即將到來。

※ KEYWORD ※

祝福、禮物、喜悅、感動、美的品味、與美有關的事物、驚喜

預言著如同收到華麗花束的時刻，甜蜜、心動的幸福即將到來。如果是正在談戀愛的人，預料會得到引頸期盼的結果，譬如告白或求婚等等。當然在工作或學業方面，也能獲得十分滿意的成果。可能獲得許多人的關注，引起眾人注目。人生劇本如同花朵一舉盛開，喜悅滿溢。

發生開心的事情時，務必要將幸福分享給身邊的人。讓心中充滿感謝與愛，積極謙虛地度過每一天。當感謝與愛不斷循環之後，更加美好的未來就會被吸引到你的身邊來。

※ 解讀的 POINT ※

無論有形無形，你將會收到令人開心的禮物。比隣的牌會告訴我們收到「花束」的原因，或是禮物的內容。另外當自己想送禮給別人時，也會出現這張牌。別忘記重要之人的生日或紀念日，務必仔細確認。這段時間會讓你過得非常快樂，請你好好地樂在其中。不過也有少數案例是收到好消息後，卻發現只是單純社交辭令的客套說法。所以請留意一旁搭配的牌，好好解讀來龍去脈。

來自雷諾曼卡的訊息

愛情	告白／求婚／充滿愛的禮物／演變成開心的結果／獲得祝福的一對／可以長久交往／自己會發光發熱的愛情／幸福的關鍵在於自我提升／終於結合
對方的心情	想要告白／想要表明心情／想送禮物／充滿感激／祝賀展開新生活／為對方的美麗傾倒／心動／想提出邀請／注重品味
工作	要求美感的工作／來自周圍的祝福／不斷努力終於開花結果／喜悅／受到認同／公司答應升遷／有創造力／與美有關的工作／涉及花及植物的工作
狀況	進展順利／驚喜禮物／精巧掌握／讓對方開心／給予讓情況好轉／幸福的時刻／華麗／發生值得慶祝的事／預料之中／發生值得紀念的事／顛峰
人際關係	吸引對方／傳達感激之意／受歡迎／人氣王／舉止優雅／祝賀／以看得見的方式傳達／與才華洋溢的人保持聯絡／越來越充實
未來	花開之刻來到／收到禮物／持續的好運／備受歡迎／受到注目／變漂亮／脫穎而出／改良／受到眾人注目／獲得表揚
建議	改用言語或物品表達感謝之意／以多樣性為宜／應重視禮儀／活用品味思考看看／盛大慶祝／和和氣氣地過日子／不自誇

牌陣解讀法

【花束】〈祝福〉　＋　【錨】〈工作〉

在職場上備受好評

代表工作的「錨」，與代表祝福的「花束」，合起來就是暗示在職場上受到表揚，讓人十分開心。

【花束】〈禮物〉　＋　【信件】〈消息〉　＋　【愛心】〈愛情〉

接受愛的告白

「信件」加上「愛心」，顧名思義就是情書。此時再加上「花束」這種令人開心的禮物，就會成為愛的告白。

10

鐮刀
SCYTHE

［離別、分裂］

需要的是不回頭看的勇氣。
甚至要斷開動搖的心，往下一階段邁進。

❀ KEYWORD ❀

［ 切斷、中斷、受傷、危險、決斷、收穫、應時、事故 ］

也許有人會因為塔羅牌中死神拿著大鐮刀的畫面，導致一聽到「鐮刀」就會感到害怕，但在雷諾曼卡裡的「鐮刀」，卻是表示收割穀物的農業工具。農夫在豐收季節，一口氣用這把鐮刀將黃金稻穗收割下來，由這個畫面可以直接聯想到，「鐮刀」牌的涵義是「斷開」、「中斷」，所以有可能會面臨斷絕關係或交涉破裂等，造成極大衝擊的意外事件。但是不需要害怕，必須將結實纍纍的稻穗收割下來，否則絕對無法有所收穫，因此唯有毫不留戀地斷開，才能迎向下一個舞台，甚至連不知如何是好的心情都要捨棄，讓自己有一個全新的開始。

❀ 解讀的 POINT ❀

必須做出決斷的時候經常會出現這張牌，例如一直堆在衣櫥裡的舊衣服、包包，也許需要處理掉會比較好。或者有時也是在建議我們檢視一下因懶惰而持續繳納的固定費用，譬如變更水電費的計費方式、解除長期不使用的訂閱等等，以節省浪費。另外有時也意指想不到的突發事件、電車延遲、交通阻塞這類必須改變預定行程的情形，建議要盡早做決定，事先備妥替代方案。

❦ 來自雷諾曼卡的訊息 ❧

愛情	爆發意外事件／和戀人吵架／發生受傷事件／無法挽回的狀況／突然的離別／與危險之人談戀愛／趁傷害不深的時候離去／關係出現裂痕／家暴
對方的心情	害怕／感到傷痛／衝擊／拒絕／變得冷酷／想要斷絕關係／尋找另一條出路／內心受挫／想做決斷／變得具攻擊性／暴躁易怒／獨斷獨行／想要斬斷感情
工作	削減成本／突然解雇／細分／展現成果／計畫受阻／辭去工作的時候／獲得收益／降職／切斷聯繫／外科醫生／農夫／美容師／減少浪費
狀況	突然遭遇麻煩／將事物一分為二／斷捨離的時機／斷絕惡習的時候／冷靜思考的時候／有收穫／放下舊事物／下定決心付諸行動的時候
人際關係	彼此互相傷害／暴力問題／無法修復／危險萬分的關係／斷絕關係／留意麻煩製造者／辛苦維持的關係／急性子的人／不可能一起工作／斬斷不需要的關係
未來	留意事故／無法挽回／斷開不必要的事物／發生備受衝擊的事件／得知驚人的事實／獲得成果／受傷／停手才能無事一身輕
建議	告一個段落／斷絕浪費／最好果斷做出決定／分開來思考／關鍵在於事先回避問題／努力節約／不要緊緊抓住／不能中途而廢

❦ 牌陣解讀法 ❧

【鐮刀】　【騎士】
〈切斷〉　〈通知〉

斷絕聯絡
帶來消息的「騎士」，加上能快刀斬亂麻的「鐮刀」，意指會斷絕聯絡。

【鐮刀】　【魚】　【錨】
〈收種〉　〈金錢〉　〈工作〉

在工作上看到成果
將代表金錢的「魚」與代表工作的「錨」，解讀成用「鐮刀」來收種，意指工作上會得到報酬或成果。

11
鞭子
BIRCHROD

[爭吵、懲罰]

是內心還是身體在發出悲鳴呢？
當鞭子打下來的時候，記得好好保護自己。

❀ KEYWORD ❀

[對立、吵架、糾紛、管教、疼痛、暴力、訓練、自我啟發、自我懲罰]

從「鞭刑」會使人聯想到，鞭子就是用來懲罰或處分的工具。出現「鞭子」牌的時候，顯示著內心或身體處於被鞭打的處境。你是不是對於繁重工作以及充滿壓力的人際關係感到無能為力，身心正在發出悲鳴呢？請設法讓身心重新振作，將自己從痛苦的泥沼中拯救出來。另外這張牌同時也意味著出現攻擊性的人物、對立以及糾紛。有時也是在表示要讓自己更有活力，以及應該警惕的時間點已經來到。自己問自己必須改進哪些地方，將考驗當作養分，才能創造嶄新的未來。

❀ 解讀的 POINT ❀

被捲進麻煩事，還有和某人起紛爭時，就會出現這張牌。從比鄰的牌就能解讀出發生了哪些問題，例如與「房子」牌並列的話，意指和家人吵架；與「狗」牌擺在一起時，意指爭奪地位、不想吵輸對方這類的無謂爭吵。有時也會在伴侶總是因為相同問題爭論不休，事後又合好的時候出現。堅持禁慾主義，而容易在內心囤積壓力的人，也會容易出現這張牌。

來自雷諾曼卡的訊息

愛情	存在上下關係的戀愛／彼此溝通解決問題的時候／不和／暴力而非愛／過度自信而出錯／經常吵架的伴侶／支配的關係／拒絕愛情
對方的心情	十分焦急／壓力很大／心無餘裕／感到憤怒／內心受到傷害／體貼不起來／語帶批判／想要插嘴／自我主張強烈／變得棘手／內心無法原諒
工作	緊急案件／被人命令／強制工作／麻煩不斷／有必要彼此溝通意見／教育／出現奧客／對手／主張權力／無人協助／工作繁重／壓力不斷累積
狀況	受到鼓勵／最好盡早完成／鞭策自己／被人催促／挑戰運動家精神／個人負擔太大／可以單方面推進／必須盡快／不愉快／不開心
人際關係	可以發洩壓力／不和睦／亂發脾氣／不圓滿的關係／時常吵架／意見相左／爭吵／分道揚鑣／麻煩之人／確保良好的溝通／懲罰
未來	上法庭／受刑罰／容易情緒化／出現對立的人／走投無路／受傷／發生意外／過度自信而出錯／繼續集中精神謹慎進行／整個狀況變得充滿壓力
建議	說出口別再忍耐／好好抒發壓力／面對問題加以解決／應帶入討論議題當中／鼓勵自我啟發／注意依賴的問題／接受愛的鞭子

牌陣解讀法

【鞭子】〈疼痛〉　＋　【棺材】〈閉門不出〉

累了就去睡

身體被「鞭子」痛打而不得不努力的艱辛狀態下，加上表示閉門不出的「棺材」，意指壓力很大，筋疲力盡的模樣。

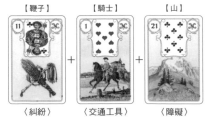

【鞭子】〈糾紛〉　＋　【騎士】〈交通工具〉　＋　【山】〈障礙〉

因交通事故而遲到

表示交通的「騎士」因為「鞭子」的關係而陷入困境，另外再加上表示障礙的「山」，即可解讀成塞車或車禍。

47

12
鳥
BIRDS

［溝通］

就像鳥兒群起鳴叫一樣，
只要訊息敏感度提升就會有好的發展。

✤ KEYWORD ✤

對話、情報、社群媒體、傳聞、八卦、音樂、網路、智慧

一群鳥兒啾啾地叫著，藉由詳細溝通，交換食物位置以及迫在眉睫的危險等情報。這張牌在告訴我們必須勤於蒐集這類情報，並且要與人親密對話。透過和身邊的人交流或社群媒體等方式，會帶來有益的知識，還能期待美好的展開。

只不過「鳥」牌還意指閒話及流言，也顯示著情報會在無意中被擴散出去的危險性，因此要打開天窗說亮話時須多加謹慎。另外還要避免被錯綜複雜的情報給愚弄，必須做出取捨，選擇自己需要與不需要的情報。

✤ 解讀的 POINT ✤

不管是現實生活或是虛擬的網路世界，訊息滿天飛、輿論越演越烈的時候就會出現這張牌。此時是個蒐集情報的大好良機，所以要檢視周圍牌卡的內容，取得有意義的情報。同時也有溝通熱烈、度過快樂時光的意思，所以也會在展開愉悅的人際關係時出現這張牌。只不過若和負面牌擺在一起時得特別留意，可能會話題混亂，搞不清真相為何，內心會知所措。

❦ 來自雷諾曼卡的訊息 ❦

愛情	交談熱烈的愉快戀情／成對小物展現功效／類似友情的關係／長時間打電話相談甚歡／對話會比文字更理想／關鍵在於社群媒體／相互傾吐愛意／告白的時候／靠網路聯繫感情
對方的心情	在一起感覺很快樂／想要多聊一些／想要告訴對方／耳聞許多男女情事／愛講道理／想要談一談／想要自由外出／想要交往／想要兩個人在一起／出於好奇
工作	藉由溝通推動進度／宣傳／會議十分重要／同事的支援／傳聞／四處東奔西走／二份工作／重點在於話題的領域／需要動腦筋的職業／主持人的行業／音樂業界／教師
狀況	不斷對談／可能性不只一個／被別人傳八卦／靠智慧克服／擴散出去／善用溝通工具／瞬間蔓延／流於情報
人際關係	謠言立刻傳開／頻繁交換情報／對談愉快／遭人告密／密切溝通／具有雙面性／借助智慧
未來	獲得情報／總有一天會公開／和知道彼此脾性的朋友見面／開心聊天／透過網路搜尋調查／從閒話家常獲得啟發／事跡敗露／團體活動／同時並行
建議	重視溝通／妥善蒐集情報／高舉天線／避免受流言擺布／閒話家常應適可而止／需要進一步調查／參考大眾評論／善用社群媒體

❦ 牌陣解讀法 ❦

【鳥】　　　　【老鼠】

〈擴散〉　　　〈傳染〉

疫情大流行

「老鼠」具有傳染病以及病原體的意思，甚至有增加的意思，加上擴散力強大的「鳥」，就是意指疾病的傳播。

【鳥】　　　　【雲】　　　　【蛇】

〈對話〉　　　〈隱藏〉　　　〈使壞〉

被人傳八卦

遮掩局勢的「雲」發揮作用，使人看不見正在聊天的「鳥」，以及代表壞心眼的「蛇」，意指背地裡可能正流傳著八卦。

13

孩童
CHILD

[新事物]

像日漸茁壯的幼童一般，
充滿成長能量的時刻。

❋ KEYWORD ❋

孩童、新氣象、開始、天真無邪、不成熟、幼稚、初學者

　　如同順利成長的孩童一般，這張牌表現出無限的可能與希望。你的挑戰才正要開始。讓自己勇往直前地面對一切，就像少女張著閃耀的雙眼在訴說夢想一樣。

　　只不過，孩童接下來必須學習許多事物，可能會因為能力不足或見識淺薄，或是因為自己不成熟的一面而受到嚴厲批判。這時請你要坦率地接受一切，勇往向前進。其他象徵的意義還包含接下來即將展開的事情、初次體驗、新生入學、新學期、新進職員等等。

❋ 解讀的 POINT ❋

　　「孩童」牌有時是在表示現實中的嬰孩，或是中小學的兒童，不過有些例子也是在表示自己以及相關人等的特徵。也許在暗示著，接下來會和孩童一樣可愛的人或新人扯上關係。有時候甚至是意指自己的孩子氣，所以心裡有數的人，不妨回想一下自己的言行。另外有時也是在表示被孩童圍繞的工作，或是學校、玩具店、遊樂園等場所，所以也可以當作選擇工作的參考。

✦ 來自雷諾曼卡的訊息 ✦

愛情	幼稚的交往方式／普通的關係／年輕人的戀愛／認識年紀小的人／感覺變得很單純／全都是認識的人／不成熟的兩個人／展開新戀情
對方的心情	回到從前的感覺／單純直率／天真無邪／正直／想起過去的事／天真浪漫／令人懷念／小孩最重要／被寵壞了／感覺很新鮮
工作	新手／新進職員／初學者／尚有成長空間／經驗不足／剛剛開始／具有未來性／在失敗中成長／新企畫啟動／與孩童有關的事業／玩具業界／學生／弟子
狀況	尚有成長空間／發展中／與小時候的喜好有關／沒有責任感／生活愉快／與學校有關係／與孩童相關／新開始
人際關係	接下來要建立關係／單純地樂在其中／受幼稚言行擺弄／立場薄弱／自卑感／看似年輕的人／不夠關心／當作自己的孩子一樣／年輕人的行為／任性的行為
未來	新事物的開始／出現援手／會影響到子孫／懷孕／事情會逐步進展／與學校有關／新加入／逐漸萌芽／回到初期階段
建議	試著從新的角度觀察看看／就算是第一次也要挑戰看看／莫忘初心／好玩最重要／展開新計畫／切記要捨棄先入為主的觀念／用創新的想法踏出第一步

✦ 牌陣解讀法 ✦

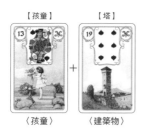

【孩童】　　　【塔】

〈孩童〉　　〈建築物〉

幼稚園、學校

將代表公共設施的「塔」，解讀成為「孩童」建造的建築物，意指幼稚園、托兒所或小學這類的設施。

【孩童】　　　【鞭子】　　　【熊】

〈孩童〉　　〈糾紛〉　　〈雙親〉

親子吵架

「孩童」與「熊」代表親子，此時再加上表示管教及嚴厲的「鞭子」後，即可解讀成親子間的紛爭。

14
狐狸
FOX

［狡猾、策略］

狡猾多詐的人可能就在身邊，
動腦筋設謀才能回避危險。

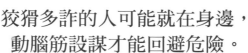

✤ KEYWORD ✤

偽善、虛假、企圖、陰謀、說謊、好奇心、研究精神、聰明

　　「狐狸」牌象徵壞主意多、投機取巧的人物，也許有心地不老實，想要利用你的人出現在身邊。甜言蜜語的背後一定有鬼，所以要小心提防，不可完全相信對方。或者是發生了某些事情，促使你自己要像狐狸般變得聰明又狡猾。重點在於平時總是以為得不償失的事情，有時還是要巧妙地運籌帷幄。另外若聚焦在狐狸的巧詐頭腦上，有時也是意指聰明的同事、前輩或是有力的對手等等。此時經過切磋琢磨之後，彼此都會有所提升，所以要以吸收對方優點的心態，讓自己更進步。

✤ 解讀的 POINT ✤

　　「蛇」具有惡意，但是「狐狸」頂多是為了生存才會不好對付，只要一感到危險，就會立刻躲起來或逃走。當這張牌在附近出現時，意指這樣的人物可能就在身邊。必須透過比鄰的牌解讀即將發生哪些麻煩，提醒自己多加留意。不過除了負面的涵義之外，有些例子也是在建議我們試試看有別以往的裝扮，或是試著大方表現出來，譬如優秀的業務人員也會很常出現這張牌。

❖ 來自雷諾曼卡的訊息 ❖

愛情	受到欺騙／想辦法前進／耍手段的關係／禁不起甜言蜜語／智取對手／被外在矇騙／留意結婚詐騙／設法讓對方告白／演戲
對方的心情	讓人害羞／想法不老實／變得奸詐狡猾／不給人可乘之機／隱瞞著某些事／能言善道／疑神疑鬼／重視工作／虎視眈眈地盯著／企圖設下圈套／愛慕虛榮
工作	靠知識與智慧克服一切／努力工作／升遷／畢生志業／獲得雇用／思考工作方式／出現對手／這一行的專家／造型業界／不良競爭
狀況	和聽到的說法有出入／事情發展出其不意／有誤解／遭竊／可能遭詐欺／存在無法察覺的陷阱／潛藏著危險／拼命地避免被人發現
人際關係	受到狡猾之人所影響／出現能言善道之人／懂得待人處世之道／弄虛作假／無法開誠布公的關係／過於誇張／留意甜蜜的誘惑／牽扯到工作／長袖善舞之人
未來	得以升遷／出人頭地／訂定作戰計畫繼續前進／出現損失／訂下更高的目標／戰勝對手／陷入無計可施的狀況／善用頭腦
建議	最好要仰賴這方面的專家／不能只看表面必須看清本質／留意八卦情報／也要考量到詐欺的可能性／提升洞察力／留意陷阱／追求到底／挑戰看看有別以往的裝扮

❖ 牌陣解讀法 ❖

【狐狸】　　　【樹木】

〈專家〉　　　〈健康〉

醫療的專家

表示健康的「樹木」與表示專家的「狐狸」，
組合起來即可解讀成健康的專家、醫療從業
人員。

【狐狸】　　【魚】　　【老鼠】

〈偽裝〉　　〈金錢〉　　〈失竊〉

被人騙錢

「魚」象徵金錢，加上騙人的奸詐「狐狸」、失竊
而一無所有的「老鼠」，即可解讀成金錢遭竊。

15
熊
BEAR

［權力］

擁有像母親一樣無私的心，
發揮出眾的領導能力。

✦ KEYWORD ✦

［ 力量、地位、支配、壓倒、勇猛、強力、上司、長輩、母親、母性 ］

「熊」的關鍵詞包含「支配」、「壓倒」、「勇猛」、「強力」等等，都是一些會感到強大力量的詞彙，暗示著發揮強大的領導能力，以顯赫地位活躍於未來。另一方面，熊自古以來因其龐大身軀及兇暴個性，成為人們十分畏懼的對象。因此可聯想成受到強權者的壓迫，或是解讀成你本身可能就是用強權壓迫他人的人。

使用暴力的結果將一無所獲。另外「熊」也是母性的象徵，在任何時候，都不能忘記要像母親一樣，用無私的心大方接受一切，展現恢弘氣度。

✦ 解讀的 POINT ✦

「熊」牌表示權力，同時也代表著母性及母親，有時也意指像母親這般親近，或是與十分照顧自己的親切人物有關。這個人會溫柔地關心自己，也可能會處處關照自己，甚至有些多管閒事地凡事指指點點。熊會在秋天充分攝取營養價值高的食物，囤積脂肪以備冬眠，所以也具有儲備力量及財產的意思。

❀ 來自雷諾曼卡的訊息 ❀

愛情	被健壯的人吸引／希望被戀人保護／會誘發出母性本能的對象／類似母子的愛情／可以期待父母或上司介紹的對象／備受束縛／一切都會被原諒的關係
對方的心情	嫉妒心強／想要照顧對方／想要守護對方／有控制慾／適合處處包容的愛情／想要獨占／凡事都想說給對方聽
工作	上司將會成為關鍵／職權騷擾或道德騷擾這類上下關係的問題／可以獲得地位或名譽／重視職權的公司／弱者無法發聲／總經理、上司、前輩、權力者
狀況	需要有領導力／努力堅持／全力付出／受到壓制／十分執著／過食／統一管理／獲得支援／十分穩定／與母親有關
人際關係	發揮帶動眾人的領導力／須留意暴力人士的狀況／值得信賴的人／被人超越／抬不起頭的人／遭人嫉妒／被人獨占、支配
未來	漸漸變胖／得到後盾／被父母或長輩干涉／財政出問題所以須加強金錢管理／逐漸繁榮／被強者保護／學會領導能力
建議	率先行動／有煩惱時找長輩商量／留意壓力及過食的問題／做好準備／好好期待父母的介紹／照顧別人／存錢／讓憤怒表現出來

❀ 牌陣解讀法 ❀

【熊】　　　【魚】

〈儲存〉　　〈金錢〉

存錢
表示儲備東西的「熊」與表示金錢的「魚」，
可解讀成儲蓄或存錢，有時也是在提出與資產
有關的警告。

【熊】　　　【鞭子】　　　【房子】

〈雙親〉　　〈教養〉　　〈家庭〉

來自父母的嚴格管教
代表父母的「熊」，加上用來管教的「鞭子」
與自宅的「房子」，合起來即可解讀成在家
被父母掌控的狀態。

16
星星
STARS

［引導］

在繁星閃耀下，
迫切心願實現的時刻。

❋ KEYWORD ❋

［ 希望、目標、理想、憧憬、人氣、目的地、閃爍 ］

　　星星自古以來一直守護著人們，引導人們前進的方向。人們總會向浮現在夜空中的星星詢問、祈禱、許願。如今在你頭上閃閃發光的繁星，正在告訴你夢想中的世界即將實現。請不要錯失良機，懷著熱切的心情，緊緊抓住這個機會吧！如果你現在還沒有什麼具體的夢想，藉由星星的引導，你很快就能找到想前往的方向。也許在「星星」牌的呼喚聲下，華麗的舞台正在等著你粉墨登場。

❋ 解讀的 POINT ❋

　　夜空中閃耀的「星星」，全世界的人都將它視為幸運的象徵，意指希望及光明。這張牌是在引導你前往下一個階段的路標。命運會朝著夢想一口氣加速前進，預料在你腦海中所描繪的世界即將成真。理想中的戀人或狀況將會出現在你眼前，相信你很快就會沉浸在幸福時光之中。此時也是創造力十足的時期。只不過當一旁出現「雲」牌的時候，會使人暫時失去希望與目標，容易陷入負面思考。請耐心等待烏雲散去，閃爍星光再次現蹤為止。

✦ 來自雷諾曼卡的訊息 ✦

愛情	與憧憬的對象談戀愛／陷入愛河／背離現實的憧憬／戀愛運上升／突然遇見／開始備受歡迎／抓住戀愛機會／即將開花結果
對方的心情	夢想擁有理想的愛情／感覺對方是理想對象／被人依賴就會變脆弱／心定下來不再迷惘／心生嚮往／感覺是命中註定／你很耀眼／充滿好意
工作	出現指導者／直覺會成為關鍵／訂立目標的時候／靠品味一決勝負／受人矚目／創意出類拔萃／獲得名聲／親自參與夢想的工作／藝術相關／科學相關／天文相關／占星術
狀況	一分耕耘，一分收穫／靈光一閃／偶然得到／嶄露頭角／確定目標／狀態恢復／再會／朝著目標邁進的時候／得以發揮真正實力的時候
人際關係	成為人人憧憬的對象而備受矚目／成為人氣王／得到身邊人的支持／可以指引自己的人／備受期待／充滿創意的一群人／溝通之後靈感湧現
未來	實現夢想的機會來到／心靈力量開花結果／視野變廣／才能受人肯定表現突出／很受歡迎／夢想得以實現／即將達成／往理想中的道路前進
建議	機會會在晚上出現／用積極的態度努力工作／讓心情穩定下來／設定明確目標照計畫進行／機會要立刻把握／重視靈感

✦ 牌陣解讀法 ✦

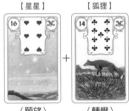

〈願望〉　〈轉變〉

希望轉變

表示穿戴及妝扮的「狐狸」，加上表示理想及願望的「星星」，合起來即可解讀成希望轉變。

〈憧憬〉　〈伴侶〉　〈出現〉

出現美好的伴侶

象徵憧憬及希望的「星星」，與表示伴侶或伙伴的「狗」，可解讀成像「騎士」一樣出現在眼前。

17
鵠鳥
STORK

［移動、變化］

候鳥帶來預兆，
接下來發生的事會讓人生煥然一新。

✦ KEYWORD ✦

搬家、遷移、革新、變換、懷孕、生產、全球性

相傳「鵠鳥」會送來幸福，例如當鵠鳥在屋頂築巢時，這戶人家就會有好運降臨或是懷上子嗣，諸如此類的各式傳說眾說紛紜。所以當這張牌出現時，可以聯想到懷孕、生產、孝順的機會到來等等，尤其是在預告家人身上會發生喜事。再者，由於鵠鳥屬於候鳥，所以有時也是意指長距離移動、跨越國境的移動，甚至可解讀成搬家、轉學、調職或海外留學等生活環境的轉變。無論是怎樣的轉變，都會相對產生花費。所以要下定決心做好萬全準備，才能不慌不忙地往下一個階段邁進。

✦ 解讀的 POINT ✦

這張牌表示和許多人交際往來之間，必然會面臨到移動的問題。譬如長大成人後會獨立自主，出人頭地時會調職等等，詳細理由須透過比鄰的牌進一步解讀。當負面牌並排在一起時，有可能不是出現令人開心的變化，也許是在選擇搬家地點上遇到困難，所以必須事先調查清楚。另外「鵠鳥」是「蛇」的天敵，當「鵠鳥」牌出現在「蛇」牌旁邊的時候，可將負面的涵義轉變成「重生」、「智慧」這類正面的涵義。

◈ 來自雷諾曼卡的訊息 ◈

愛情	隨著環境變化同時帶來戀愛的機會／遠距離戀愛／戀愛的季節終於到來／喜歡變成愛／戀情無法穩定下來／結婚成為一家人／同居／關係十分圓滿
對方的心情	想要一起去旅行／想要成為一家人／正在思考同居的問題／想要大肆炫耀／想去遠方／帶著誠意交往／想讓自己看起來更美／分離也不會改變的愛情及信賴關係
工作	出差或調職／榮升／改革工作方式／革新的時刻／人事異動／調職到完全不同的領域／開創新事業／雙薪家庭似乎是不錯的決定／調職族／與搬家有關／貿易
狀況	出現令人開心的變化／改善或是轉換形象的時候／重新裝修家裡／容易改變的時候／懷孕／出門旅行／價值觀轉變／以孩子為優先／孝順父母
人際關係	換個交往對象就會好轉／改變溝通管道／與距離遙遠的人交往／以家人為優先／傳給下個世代／順利進展／可期待不同產業的交流會
未來	搬家到遠方／事情有所進展且發生劇烈變化／家裡發生喜事／心態的轉變／長期留學／家人變多／再次面臨／懷孕的通知／離巢
建議	應改變居住環境／必須進行意識改革／改變看事情的角度／搬家會使人生產生重大轉變／孝順父母或是為家人做些什麼／好好接受不要害怕改變

◈ 牌陣解讀法 ◈

【鸛鳥】 【房子】
〈移動〉 〈家庭〉

搬家
表示長時間移動或是前往遠方的「鸛鳥」，加上表示住居的「房子」，即可解讀成居住地點會移動。

【鸛鳥】 【書本】 【船】
〈移動〉 〈學習〉 〈海外〉

外語留學
移動至遠方的「鸛鳥」，加上渡海前往外國的「船」，而「書本」的目的是為了學習，因此可解釋成留學去學習外語或進修。

59

18
狗
DOG

［友情、信賴］

身邊有愛，
就像愛犬悄悄依偎在身旁一樣。

❋ KEYWORD ❋

［　伙伴、朋友、伴侶、忠義、信用、順從、團體、寵物　］

　　自古以來，人與狗的關係一直十分特別，譬如日本忠犬小八的故事也是名傳遐邇。無論何時狗都會陪伴著主人，無怨無悔地愛著主人，在每一個時代都會帶給我們溫暖。「狗」牌出現的時候，就會出現像這樣溫柔陪伴你的人。或者也是在表示你能打從心裡信賴的友人或伴侶，已經出現在你身邊了。無論如何都是在告訴我們，你已經不再是孤獨一人。請你將注意力放在身邊愛你的人身上。只不過，有時候也是在表示必須警戒的人際關係，就像尚未建立起信賴關係的狗和人無法靈犀相通一樣，所以必須小心留意。

❋ 解讀的 POINT ❋

　　身邊有值得信賴的朋友時就會出現這張牌。這個人會讓你感受到真正的友情，會在你遇到困難時拔刀相助。只要將你的煩惱毫不隱瞞地說出來，他便會陪著你一起想辦法解決。即使比鄰的是負面牌，也不需要感到害怕。就算一時之間會產生距離感，但是二人的關係一定會再恢復正常，「狗」牌代表的就是這種深厚的情誼。另外有些例子也是在表示會從友情發展出淡淡的愛情，所以不要焦急，好好培養二人的關係吧！不過有時候也只是單純表示寵物、動物，或是喜歡動物的人。

◈ 來自雷諾曼卡的訊息 ◈

愛情	值得信賴的人／像朋友一樣的伴侶／戀情在朋友幫助下就會有進展／朋友的介紹／同事或年紀小的戀人／在身邊的人協助下團體約會／留意太自大的問題／先從朋友做起
對方的心情	沒有隔閡的人／想要一起同樂／重要的伙伴／值得信賴／可以商量的對象／重視朋友甚過情人／希望別人幫助／當作隊友或朋友／想要幫忙
工作	團隊合作最重要／請屬下、後進或同事幫忙／自主性很重要／共同經營／對公司十分忠誠／廣受社會大眾信任／寵物相關行業／保全公司
狀況	和伙伴一起行動／獲得友人相助／為朋友著想／內心原諒的人／被人馴服了／尋求志趣相投的朋友／有支持者／與朋友相處愉快，變得很活躍
人際關係	感情融洽、志同道合的團體／與值得信賴的人有關／出現伸出援手的人／為人和善受到眾人喜愛／性情急躁擾亂安寧／完全順從強者／變成主從關係遭人使喚
未來	養寵物／友情深厚／認識好伙伴／建立信任關係／一同進行／被人發現／建議團隊合作
建議	放下警戒心與各種人來往／相信對方／找朋友商量／重點在於誠實的態度／別說大話／重視橫向連結／尋求協助

◈ 牌陣解讀法 ◈

【狗】　　　【蛇】

〈摯友〉　〈背叛〉

朋友的背叛

代表摯友的「狗」被扯後腿的「蛇」所影響，所以意指背叛行為，或是受到妨礙、干擾，必須小心警戒。

【狗】　　　【樹木】　　　【塔】

〈寵物〉　　〈健康〉　　　〈建築物〉

動物醫院

「狗」代表所有的寵物以及飼養的動物，「樹木」和「塔」代表醫院，所以可解讀成動物醫院。

19
塔
TOWER

［權威、傳統］

不惜孤獨也要堅守重要規則。

★ KEYWORD ★

公共、官方、政治、法律、教育、規則、建築物、常規、繼承

塔羅牌中的「塔」牌會使人聯想到破壞及衝擊，因此有些人也許會感到驚恐，但是雷諾曼卡中的「塔」牌卻與塔羅牌中的「塔」牌涵義完全不同，所以大家大可放心。雷諾曼卡中的「塔」牌單純意指建築物，尤其意指政治、行政、法律、規則相關的公共建築。另外有時也有防禦外敵、保守、警戒的意思。由於帶有規則及規範的涵義，所以有時是在表示遵守這些規定的忠誠度，偶而則是在表示頑固的程度，甚至會使人聯想到「為了遵守規則即便孤立也無妨」的心態。

另外有些例子也會表示與律師等法律專家之間的關聯性。

★ 解讀的 POINT ★

這張牌多數是意指公共設施、學校、公司及公寓大樓等建築物本身。可由比鄰的牌了解建築物的內部設施及用途。此外，有時也意指人們十分注重由傳統及歷史承繼而來的事情，也許必須尊重對方所重視的價值觀。有些時候則是在暗示，有人會像站在高塔上一直監視著周圍，不過說不定只是好奇心旺盛的人、看似做事嚴謹的人而已，所以要仔細釐清。

❧ 來自雷諾曼卡的訊息 ❧

愛情	校內、公司內戀愛／現在容易孤獨／理想過高／能夠二人獨處遠眺的場所為宜／不要冒險／在圖書館等公共設施約會
對方的心情	不能撒嬌／鬧別扭／不想和任何人見面／想要一個人躲起來／不想受傷／固執的狀態／壓抑想戀愛的心情／受限於古板的想法／重視規則
工作	一個人進行的工作／安全性高／辦公大樓／繼承的時刻／遵守規則／遵循傳統習慣／善用組織力／管理職／公務員／公共事業／行政
狀況	封閉孤獨的狀態／鞏固自我地盤的時候／可以在團體中發揮所長／守護傳統不斷傳承／現在是不斷累積的時候／受人監視／被人保護下十分安全／職務上的問題
人際關係	限制嚴格無法拉近彼此距離的環境／孤立的感覺／人際交流範圍狹隘／工作上的關係／私底下無法來往的人／出現野心十足的人／下一個世代／關係會照樣持續下去／變得頑固
未來	獲得認同得以繼承的時候／不斷累積經驗／與政治有關／可以得到公眾的支持／埋首於工作／繼續保護下去／在遠離中心的地方活動／嚴守規則
建議	默默完成工作／重視上下關係／做準備時不能偷工減料／一點一滴慢慢累積／必須在安全的場所活動／好好遵守規定／與專家商量／遵守規則

❧ 牌陣解讀法 ❧

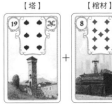

【塔】〈建築物〉　＋　【棺材】〈葬禮〉

殯儀館、殯葬會館

表示葬禮的「棺材」，加上表示大型建築物或
公共設施的「塔」，即可得知是與葬禮有關的
大型設施或建築物。

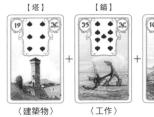

【塔】〈建築物〉　＋　【錨】〈工作〉　＋　【鐮刀】〈衝擊〉

在公司發生重大事件

代表工作的「錨」，以及用建築物的「塔」來
表示公司，此時再加上「鐮刀」，顯示在公司
內會發生重大事件。

63

20
庭園
PARK

［交流］

在洋溢著笑聲的歡樂場所，
發現今後與你緊緊相繫的緣分。

❖ KEYWORD ❖

[集會、活動、公園、派對、社團、遊樂園、社交]

諸如公園、遊樂園、派對會場以及活動會場，「庭園」牌所代表的，就是這些熱鬧的場所，以及熱情交流的地方。暗示在許多人笑容滿面的地方，會出現令人心動又期待，充滿刺激的邂逅，而且未來會帶來美好的緣分。除了在這個地方盡情享樂之外，在這裡所認識的人，未來將為你的人生帶來有益的影響，別具意義。另外有時也是在表示社交性或熱鬧的程度。當這張牌出現時，請你用開朗的笑容，與周遭眾人愉快地交流吧！

❖ 解讀的 POINT ❖

這張牌是在告訴我們，可以在人們聚集的場合，譬如活動或派對上盡情享樂。至於是怎樣的場合，以及在這裡會遇見哪些人，從比鄰的牌就能詳細得知一切。近來多數都會解讀成「線上同歡會」、「交友軟體」等網路上的活動。即便是居家派的人，同樣能藉由社群媒體及網路進行令人心動的交流。另外從這張牌給人的歡樂印象，有時也是在意指演藝界、社交界這類交流活絡的業界。

❧ 來自雷諾曼卡的訊息 ❧

愛情	在派對或聯誼時可能會認識對象／被人約去遊樂園或團體約會／以伴侶的身分介紹給身邊人認識的時候／先好好享受溝通的過程／熱情交流
對方的心情	想要開心玩樂／想要一群人聚在一起／想要一起參加活動／想讓你快樂／具有社交活躍的印象／想約你進一步拉近距離／想要一起去遊樂園或主題樂園
工作	文化方面的工作／演藝界或社交界等交流活絡的業界／逐步拓展相同業界的交流／網路產業／人多的職場／園藝師／婚禮業界
狀況	豐富的環境／緣分多的時期／有人聚集的場所最幸運／左右人生的緣分難以掌握／擔任幹事或主導人物／關鍵在於社群網路
人際關係	深厚的緣分／經營人脈／重視相遇機會／多和感情好的朋友交談／主持派對／在網路上結織朋友會帶來好運
未來	在周遭人面前展現出來／加入社交界／可經由介紹獲得良緣／在人們聚集的場所會認識不錯的人／暴露在眾人眼光下／獲得邀請
建議	參加活動似乎會有好事發生／以社交的心態去面對／重視社群團體／應拓展人脈／積極出現在人群之中／以華麗的裝扮外出／前往可以放鬆的場所

❧ 牌陣解讀法 ❧

孤立

大眾聚集的「庭園」，卻被「鐮刀」斬斷與人相聚的緣分，表示突然被眾人排擠的狀態。

結婚派對

「花束」與「庭園」意指熱鬧的集會，此時再搭配上「戒指」之後，即表示婚禮或結婚派對。

65

21
山
MOUNTAIN

[障礙]

在紛擾之後是一片天清氣朗的景色。
別害怕滿路荊棘，朝著充滿希望的山頂前進。

❋ KEYWORD ❋

瓶頸、考驗、跌落、延遲、上進心、忍耐、高遠的目標

屹立在眼前高聳又險峻的「山」，象徵必須克服的考驗與課題。當這張牌出現時，代表你受困於重重障礙或慘遭滑鐵盧。站在看不見終點的道路上，也許不安的感覺會接踵而來。但是既然你一定要看到前方的景色，那就絕對不要畏怯。這是在考驗你堅毅不撓的決心，讓你做好心理準備。滿懷著希望，一步一腳印，只管朝著山頂爬上去吧！不久後，令人神往的景色映入眼簾的瞬間即將來到。克服萬難後登上山頂享受迎面吹來的風，肯定會感到無比暢快。

❋ 解讀的 POINT ❋

「山」象徵著阻擋在前方的瓶頸或障礙物。遠距離戀愛中的情侶經常會出現這張牌，這時候就是在意指這段戀情需要耐心維持。另外也是在暗示，對於具體的目標必須相當努力才能達成。不可以只是有勇無謀地往上爬，也許需要想辦法探尋不同的路線。以人物來說，有時也是代表頑固、看似沉默寡言的人。如果自己心裡有數的話，也許應該試著提醒自己身段要放軟，保持彈性。

❧　來自雷諾曼卡的訊息　❧

愛情	門檻高且難應付的對象／許多人阻礙而遲遲無法進展／理想對象要求太高而難以實現／二人攜手克服戀情的阻礙／需要花點時間但終究會開花結果
對方的心情	感覺遇到了瓶頸／十分煩惱難以親近的問題／感覺需要長期奮戰／感覺障礙重重／不被理解也無所謂／沒有心動的感覺／見不到面覺得很難過／存在問題／想要一起克服
工作	壓力很大的工作／困難卻值得挑戰／朝著遠大目標努力不懈／出現敵對的人／問題太多進展緩慢／建立難以動搖的地位／工作堆積如山處理不完
狀況	有些問題必須加以克服／目前暫時休息一下靜待時機／專心努力的時候／挫折當頭的時候／必須一個人努力工作才行／要知道繞遠路也是一種方法／花很長時間努力工作
人際關係	想要和睦共處需要花費一點時間／必須解開誤會才能建立感情／周圍的人不會提供協助／遇到麻煩的人出手阻礙／遇到自尊高的人傷透腦筋／和伙伴一同克服問題
未來	出現對手或敵人／高峰即將來臨／雖有障礙卻能獲得極大成果／追求更高的目標／在看不見未來下對抗不安情緒
建議	不要害怕挑戰更高的目標／想想看目標是否設定過高了／擋在前方的阻礙須花時間加以克服／保持上進心繼續前進／想要搏得好評必須踏實努力

❧　牌陣解讀法　❧

【山】　　　【雲】
〈考驗〉　　〈停止〉

慘遭滑鐵盧

登上高「山」時卻籠罩著「雲」，一路前進卻是困難重重，暗示著難以擺脫困境的狀態。

【山】　　　【道路】　　　【花束】
〈崇高目標〉　〈路程〉　　〈開花結果〉

達成遠大的目標

可以解讀成朝向高「山」頂點邁進的「道路」上困難重重，但是順利達成目標「開花結果」的時刻終將到來。

22
道路
PATHS

［選擇］

命運開始變化的轉折點，
引導自己的心往正確的道路前進。

❋ KEYWORD ❋

人生的岔路、轉折點、分歧點、道路、軌道、引導

　　一分為二的「道路」，象徵人生的岔路或轉折點，包含找工作、換工作、結婚或生產這類的人生分歧點，將有機會在未來出現，顯示命運開始發生變化。有時會出現好幾個選項，而被迫做出重要決定。但是唯有你的心，能為你引導方向。周遭的意見或雜念，現在都要完全拋開。請你正視自己內心的聲音，引導出你該怎麼做的答案。交由他人決定的話，肯定會後悔莫及。另外有時也是在建議我們尋找其他道路或是繞一下遠路，條條道路通羅馬，無數的選擇就在你眼前。越是在你感到走投無路的時候，請你越要提醒自己還有很多其他的可能性。

❋ 解讀的 POINT ❋

　　這張牌單純在表示分歧點、選擇時刻，不過並不僅限於做判斷、下決定的時候。有些例子是在事後回顧時，才發覺「原來那時候是一個轉折點」。另外比鄰的牌會告訴我們做出選擇之後會發生什麼事情。假如是正面牌，可以毫不猶豫地做出選擇；如果是負面牌，則會被迫做出艱難的選擇。無論如何，只要是自己真正想要的就不會出錯，建議可以好好地與自己對話。

❧ 來自雷諾曼卡的訊息 ❧

愛情	關係會往下一階段邁進的時刻／讓對方自己做決定／仔細想想誰比較適合／與對方攜手前進／往結婚邁進／命運的分岔路／發生成為轉折點的事情
對方的心情	在愛情與工作間猶豫不決／想要一起走下去／想要往下一個階段邁進／認為凡事都會心想事成／正在做重要的決定／無法做決定而左右為難
工作	選擇工作方式／工作迎來轉機／選擇不同的工作或做事方式／同時進行二項工作／在中間人幫助下展開康莊大道／與有才能的人有關
狀況	被迫做出選擇／心存疑慮下做出重大決定／思考其他的可能性，反覆摸索的時候／以無法做決定的事情為優先／是時候向前邁進了／找找看就會發現捷徑／尋找別的方法
人際關係	有人會引導自己／選擇和誰搭檔的時候／想法與別人不同也沒差／選擇不會猶豫且合得來的人／帶給周遭影響／和大家走向同一條路
未來	出現分歧點／心生迷惑／出現各式各樣的可能性／分離的時刻近了／到附近去旅行／下定決心正向思考／命運的岔路／順利前進
建議	選擇繞遠路也能接受的道路／繞道會發現意想不到的啟示／提醒自己別被眼前得失所迷惑／應該考慮其他的選項／最好要打破框架做決定／誠實面對自己再做選擇

❧ 牌陣解讀法 ❧

【道路】　　　【船】

〈道路〉　　〈交通工具〉

道路、航線、高速公路
代表公共運輸或交通工具的「船」在通行的「道路」——象徵汽車、電車、船等通行的所有陸路、空路與海路。

【道路】　　　【花束】　　　【太陽】

〈選擇〉　　〈祝福〉　　〈光榮〉

受到祝福的最佳選擇
選擇的「道路」得到「花束」的祝福，而且是「太陽」照射下的光榮大道，相信閃耀的未來就在「道路」的前方恭候大駕。

23
老鼠
MICE

［損失］

暗示被人搶走重要物品，
必須小心翼翼地防衛。

❋ KEYWORD ❋

［ 損害、失竊、遺失、丟失物品、遺失物、不乾淨、病毒、感染 ］

　　「老鼠」會偷竊人類的食物，所以這張牌是在暗示最重要的東西會遭人奪走，象徵「損失」、「損害」、「偷盜」這類的涵義，所以要特別小心。當這張牌出現時，就會像食物一點一滴被鼠群偷走一樣，可能會有不想失去的東西遭人剝奪了。除了搞丟東西及遺失物品之外，有時也是在表示家中失竊或是遭遇小偷，所以要謹慎留意。除此之外，除了可能被人奪走的有形物質之外，有時也意指信用、身心健康或是重要的人等無形物質被人奪走。所以每一天都必須小心翼翼，謹慎保護必須守住的東西。只要妥善採取對策，就能防範未然。

❋ 解讀的 POINT ❋

　　這張牌是在警告我們，會在不知不覺間發生意外損失。參考比鄰的牌，就能解讀出究竟最可能被奪走的東西是什麼。謹慎地設法預防，就能防範未然。另外也要留意疏失、遺失物品或搞丟東西。而且俗話說「老鼠逃亡時就會沉船」，因此當「船」牌並列的時候，就要盡快避難才行。流行病、傳染病蔓延之際，往往都會出現這張牌。建議要充分休息才能提升免疫力，維持身心的健康。

◈　來自雷諾曼卡的訊息　◈

愛情	在愛情爭奪戰中轟轟烈烈的模樣／放任不管而失去戀人／貪心地向別人的情人下手／用散漫的態度交往／受流言蜚語而影響到戀情／戀人被搶走／感覺疲累的關係
對方的心情	感覺麻煩所以不想花時間談戀愛／不相信對方／喜歡上別人的戀人／不想負責約會費用／別有用心／打算陷害別人
工作	金錢管理要確實／功勞被人搶走／可能因失誤而失去信用／不知不覺工作過勞／檢討工作是否白費力氣的時候／餐飲業／製造業
狀況	小心食物中毒／遺失物品或搞丟東西會找不回來／太貪心就會造成損失／整理整頓好好管理／發生金錢問題／缺錢／丟失物品／注意病毒
人際關係	留意無法信任的人／因為別人的關係而失去信用／黑心計畫正在祕密進行／對方出乎意料反過來破口大罵／混入人群之中
未來	東西遭奸詐小人偷走／陷入不理想的狀況／丟失重要物品／必須修繕漏水或家裡／遭小偷／一直很信賴的人逃走了／貪心就會造成損失
建議	留意外來的入侵者／別被不好的流言擺弄／疏失越來越多必須留意細節／避免遺失重要的物品／避免留縫隙／自己的身體要靠自己守護

◈　牌陣解讀法　◈

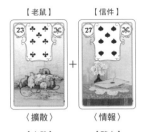

【老鼠】〈擴散〉　【信件】〈情報〉

洩漏情報

表示個人資訊及工作文件的「信件」，搭配上表示遺失或失竊的「老鼠」，意指有重要情報遺失或洩漏的危險性。

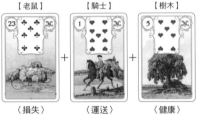

【老鼠】〈損失〉　【騎士】〈運送〉　【樹木】〈健康〉

傳染病蔓延

表示病毒的「老鼠」與表示健康的「樹木」，即為傳染病的意思，而且「騎士」會使傳染病傳人。

24
愛心
HEART

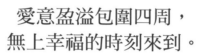

[愛情]

愛意盈溢包圍四周，
無上幸福的時刻來到。

KEYWORD

[戀愛、熱情、心動、思慕之情、感情、心臟、內心]

大家最為耳熟能詳，關於愛的圖案就是「愛心」，這張牌象徵著戀愛、愛心、親子之愛、工作之愛、友情之愛等各式各樣的「愛」。戀人或夫妻會更加深愛對方，心靈契合的朋友會更加心有靈犀。單戀的人會收到來自對方愛的告白，正在尋找另一半的人會出現命中註定的對象，可以期待會發生令人心跳加速的美好事情；也有可能接觸到令人心動的興趣，或是投入讓人忘我的工作。

這世上充滿形形色色的愛。溫暖的愛會即刻將你團團包圍，讓你覺得活在這世上是一件很美好的事。

解讀的POINT

用來表示各種愛的「愛心」牌，最常在暗示的還是關於戀愛的事情。預料像電影或小說一樣令人憧憬的畫面將會成真。除了戀愛之外，遇見會讓人傾注熱情的事物時也會出現這張牌，所以不妨參考周圍的牌，調查看看自己是因為什麼事情才會出現這種心情。另外如果想要接近某人的時候，或許也可以偷偷占卜看看對方現在最關心的是什麼事情，才能抓住聊天的機會。

來自雷諾曼卡的訊息

愛情	出現令人心動的對象／愛情運高漲／抓住感情加深的機會／十分沉迷／愛情從一見鍾情開始／重新愛上後感情加深／被對方熱烈喜愛
對方的心情	對你著迷／具有深切愛意／覺得很重要／想要公開示愛／單方面喜歡對方／沒來由地被你吸引／因為覺得可愛馬上就喜歡上你
工作	從事喜歡的工作／工作充實每天都過得很滿足／可以從事理想的工作／快樂地埋首於工作／選擇可以傾注熱情的工作
狀況	專注於談戀愛而非工作／以喜歡的事情為優先／度過心情雀躍的開心時光／熱情工作的模樣備受讚賞／參與心動的事物／換成喜歡的工作
人際關係	感覺這是愛情／與伙伴投入興趣當中／被周遭的人喜歡／情緒化的人／可以和最愛的人保持聯繫／在喜歡的領域與形形色色的人和睦共處／志同道合的人越來越多
未來	找到可以投入的事物／深深地被愛／找到喜歡的人／對方會感受到好意／即便內心迷惘還是能下定決心／找到真正想要的事物／見到思念的人
建議	熱情展開／愛上了就要勇往直前／以能夠著迷的事物為優先／提起勇氣付諸行動運氣就會越來越好／依照喜好做判斷／與合得來的人度過開心的時光／傾注愛情

牌陣解讀法

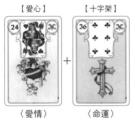

【愛心】　【十字架】

〈愛情〉　〈命運〉

命中註定的戀人

「愛心」象徵不言而喻的愛情，搭配上神祕的象徵「十字架」，會讓人感覺這就是命中註定的愛情。

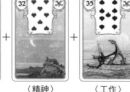

【愛心】　【月亮】　【錨】

〈心靈〉　〈精神〉　〈工作〉

心理諮商

代表心靈的「愛心」加上代表精神的「月亮」，就是心理學的意思，再搭配上象徵工作的「錨」，即可解釋成心理諮商。

25
戒指
RING

［契約］

悄悄收到的戒指，
象徵你和重要的人結成良緣。

❋ KEYWORD ❋

約定、誓言、意見一致、友好合作關係、束縛、輪迴、貴金屬、寶石

　　訂婚戒指及結婚戒指，都是象徵著你和重要的人緊密相連或結成良緣。多數人應該都會覺得，戒指在眾多飾品當中別具意義。雷諾曼卡裡的「戒指」牌，也代表了約定、誓言、契約以及與重要的人結合等涵義。占卜愛情的時候，會使人聯想到結婚或婚約，如果是占卜工作的話，指的則是契約的意思。另外從「戒指」的圓圈外形來看，也是在表示「不斷循環」的意思。眼前專心處理的事情會帶來正向循環，或是在人際關係上會達到進一步的發展，似乎可以期待你的人生將會順利地正向循環。

❋ 解讀的 POINT ❋

　　「戒指」牌是在彼此交換承諾，還有事情正式決定之後會出現的牌，可從比鄰的牌分析出約定的內容。多數都會做出理想的決定，所以請用期待的心情度過這段時間。不過「戒指」牌除了意指結婚之外，也是在表示對長久持續的重要事件做出承諾。當周圍出現負面牌的時候，必須慎重檢討約定或契約的內容。為求未來能安心，請花一點時間好好確認清楚。

◈ 來自雷諾曼卡的訊息 ◈

愛情	認定為結婚對象的關係／發展成結婚的戀愛／情感堅定緊緊相連的二人／結婚運高漲，未婚聯誼活動十分順利／互相喜歡／可以成為另一半的對象／兩顆心緊密相連／約定／束縛
對方的心情	正在考慮往結婚邁進／想要一直在一起／想要求婚／認定你是另一半／十分期盼能結婚／想將心情表達出來／想要深入交往／想要獨占
工作	簽下好合同備受好評／決定到有希望的公司上班／選定工作伙伴／與公司建立良好關係／貴金屬的公司／珠寶店
狀況	與新公司簽定合約／與誠實的對象立下約定／朝結婚開始做準備／受限於合約動彈不得／事情進展順利／在雙方同意下成立
人際關係	締結有意義的協定／幾經波折再次碰頭／靠深度信任緊密結合／與伙伴的感情更加緊密／建立圓滿的關係／誠實以對／束縛
未來	得到同意／定期巡迴／一直努力進行的事情順利完成／心願達成／約定完全實現／締結良緣／加入團體當中
建議	利用機會簽定條件完美的合約／以互利互惠的模式彼此承諾／用網路聯繫的方式推動／正式簽約／反覆嘗試看看

◈ 牌陣解讀法 ◈

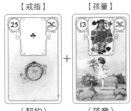

【戒指】　　【孩童】
〈契約〉　　〈孩童〉

先有後婚
代表結婚的「戒指」搭配上「孩童」，即可解讀成與有小孩的對象結婚，或是先有後婚。

【戒指】　　【船】　　【錨】
〈契約〉　　〈自由業〉　　〈留下〉

自由業的工作合約
代表自由業的「船」被「錨」栓住而停留在一個地方，由此可見是簽定了某項合約。

26
書本
BOOK

［知識、祕密］

闔上的書本裡，
寫著不欲人知的祕密想法。

❈ KEYWORD ❈

［讀書、學問、教科書、專業書籍、書本、讀書、證照、記錄、祕密、祕傳］

悄悄闔上的書本裡，寫著絕對不能閱覽的祕密故事……。「書本」牌就是如此神祕的象徵。暗示一個人因為某些祕密而感到苦惱的狀態，也許是你自己身處於不欲人知的狀態，或者是某人被祕而不泄的事情所愚弄。無論如何，現在都不是取得這本書的時候，只能靜待時間流逝。

另外就像「書本」的圖樣一樣，有時也是在表示「讀書」或「知識」。是時候可以有效率地學習了，所以要增加讀書進修的時間，好好提升自己。

❈ 解讀的 POINT ❈

「書本」牌意指知識與祕密。表示「知識」、「學問」的時候，可透過周圍的牌判斷出書本的種類，例如比鄰的牌出現「月亮」牌的話，就是意指心理學的書。這時候只要認真讀書就會大有斬獲。如果覺得這張牌指的是「祕密」而非「知識」，參考旁邊的牌就能知道這是你的祕密，或是別人在對你隱藏祕密。無論結果如何，現在都不能大驚小怪，最好靜靜地把書闔起來，靜觀其變。

來自雷諾曼卡的訊息

愛情	不能公開的祕密戀情／有隱情的關係／有事情無法告訴對方／無法表露心情只能隱藏起來／戀情最好不要公開／像童話故事一樣的愛情
對方的心情	還不想公開二人的關係／無法坦白表露心情／暗藏著喜歡的心情／想以讀書為優先不想談戀愛／有祕密情人／想要封印過去／想要更了解你
工作	熱心研究備受好評／需要專業知識的職業／參加讀書會／展現學習及讀書成果／管理業務上的機密事項／研究工作／書店／文具店／出版業／作家
狀況	隱瞞著事實／繼續讀書最重要／最好找專家商量／可以讀書提升技能的時候／活用學到的知識／現在不要解釋清楚，應靜觀其變
人際關係	被貼上祕密主義的標籤／有事情無法公開／透過讀書與伙伴交流／留意黑心的人出現／變成教導的立場／在非公開的團體活動
未來	不公開情報先藏在心裡／從事出版書籍、創作／懷抱祕密／堅守祕密過生活／可以考進好學校／總有一天會公開
建議	現在要好好學習／努力用功讀書進修／現在最好別跟身邊的人說／仔細調查／不要隨便提出結論，先深思熟慮再說／答案就在書中／現在別去尋找

牌陣解讀法

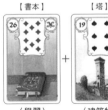

【書本】〈學習〉　【塔】〈建築物〉

學校、研究所

「塔」代表公共設施或是規模達到一定程度的建築物，而這棟建築物的性質，可透過「書本」聯想到與學習或研究相關的場所。

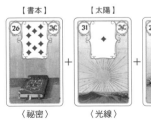

【書本】〈祕密〉　【太陽】〈光線〉　【老鼠】〈洩漏〉

祕密遭曝光公開

「書本」代表祕而不泄的事情，與洩露在外的「老鼠」、暴露在陽光底下的「太陽」搭配在一起，即可解讀成一直想隱瞞的事情曝光。

27
信件
LETTER

［消息］

引頸翹望的消息到來，
心情一口氣高漲起來。

❋ KEYWORD ❋

信件、郵件、文書、文件、電子郵件、LINE、備忘錄

　　「信件」意指文字的創作記錄，包含信件、電子郵件、LINE等等。如果一直在等待某人的聯絡，這個消息應該很快就會來到。當然也可以主動聯繫對方。和喜歡的人隨口聊聊，感覺對方也會很開心。另外再善用你創作出來的文章或字句，說不定也能從此抓住對方的心。

　　按照「信件」牌上的圖樣，有時也是在意指「文書」或「文件」。有些場合會從彼此文字交流之間，獲得一些建議。不過重要的承諾或契約不能嘴巴上約定而已，建議要用白紙黑字記錄下來。

❋ 解讀的 POINT ❋

　　這張牌會在你收到消息的時候出現，而消息的內容只須參考比鄰的牌即可得知。至於是好消息或是多重要的消息，透過周圍的牌便能判斷出來。除此之外，「信件」牌也意指由文字組成的消息或溝通方式，有時會在漏看電子郵件或是LINE訊息未讀、已讀不回等令人困擾的狀況下出現。多數都是在對方單純漏看訊息或忘記回覆時才會出現這張牌，並非故意視而不見，所以最好再次聯絡看看。

✤ 來自雷諾曼卡的訊息 ✤

愛情	對方主動聯絡／對方用電子郵件或LINE告白／比起語音聯絡，用文字更能表達心意／彼此透過信件或文章傳達心意／頻繁聯絡拉近距離／保持聯絡溫暖人心
對方的心情	希望二人能彼此交流／很想要聯絡／想要主動告知／希望你提供情報／想要傳達心情／想要交換聯絡方式／不想提供個人資訊
工作	用文字溝通／用書面表達重要內容／留意個人資訊的使用方式／直接告知消息／電子報的效果顯著／寫文章／作家／寫作行業／新聞記者
狀況	收到重要通知／用文字傳達／不懂的地方提問就能解決／來自書面媒體的情報會好過網路消息／必要的事情應銘記在心
人際關係	LINE及DM的交流會成為關鍵／靠著勤於聯絡加深感情／有在意的點就要馬上聯絡／留意轉發電子郵件時不要出錯／透過文字或文章進行溝通
未來	通知馬上就到／透過文字通知以免出問題／收到表揚狀或感謝狀／和朋友勤於聯絡加深友誼／等待很久的回信來了／備忘錄會派上用場
建議	試著自己主動聯絡看看／傳單及報紙上隱藏著啟示／記下重要的事情／善用信件及電子郵件／記錄下來的個人資訊應謹慎管理／用文字傳達心情

✤ 牌陣解讀法 ✤

【信件】　【花束】

〈信件〉　〈感謝〉

感謝狀
象徵感謝及禮物的「花束」與「信件」，表示附在感謝狀或禮物上的卡片及感謝信等等。

【信件】　【鸛鳥】　【錨】

〈消息〉　〈移動〉　〈工作〉

調職通知
代表搬家到遠方的「鸛鳥」與代表工作的「錨」，指的就是調職的意思。加上「信件」之後，即可解讀成收到調職通知。

28
紳士
GENTLEMAN

［男性］

在身邊男性拯救之下，
束手無策的問題獲得解決。

❖ KEYWORD ❖

男性的、戀人（男朋友）、男性友人、男子氣概、主動的

　　基本上雷諾曼卡的「紳士」牌與「淑女」牌代表的就是人物。如為「紳士」牌的話，當你是男性時就會成為本人牌，如果你是女性的話，則是意指戀人、丈夫、男性友人、男同事與男伴等等。有時也會無關乎性別，而是表示男性要素，例如力量大、行動力、洞察力及理性的一面等等。

　　此外，這張牌有些時候也是在告訴你會認識能夠幫助你的男性。男性掌握著解決事情的關鍵，在他的協助之下，束手無策的問題將會獲得解決，預料接下來將會一帆風順。

❖ 解讀的 POINT ❖

　　基本上雷諾曼卡並不會採用正逆位，但是「紳士」牌、「淑女」牌卻有正逆位之分。「紳士」的視線看向的那張牌，代表他正在追求的東西、想要解決的事情、覺得很重要的關鍵等等，位在背後的牌則表示看不見的事物、迷失的事物。占卜愛情的時候，從「紳士」牌、「淑女」牌的位置和視線方向，即可解讀出二人的想法及親密度。就算不是戀愛關係，有時也表示此時這個男性對你而言屬於關鍵人物。

❧ 來自雷諾曼卡的訊息 ❧

愛情	有男子氣概的人是關鍵／男性友人會助自己一臂之力／積極主動會奏功／從男性進攻才容易有進展／最好表現出男子氣概的一面
對方的心情	想要積極主導／想要表現紳士風範／具有勇敢的男性印象／具有外向又開朗的印象／像兄弟一樣的感覺／有男性特有的自卑感
工作	出現對工作有幫助的男性／在眾多男性中工作／掌握主導權推動工作／最好以男性顧客為目標／暗示男性導向的商品／向外傳達訊息／善用洞察力／理性地進行
狀況	站在男性的角度觀察／身邊的男性會帶來啟發／積極提案／採取行動／理性思考，避免情緒化才能打開康莊大道／用不輸男性的堅毅性格努力工作
人際關係	身邊的男性會成為關鍵人物／發揮領導力拉攏周遭的人／行為表現要端莊有禮／男性占多數的團體／尊重上下關係
未來	需要男性的支持／近日認識的男性會成為關鍵人物／對象換成男性／在社會上大展抱負／勇往直前／帶給周遭影響／理性地進行
建議	意識到自己內心的男子氣概／用男性觀點思考看看／理性處事／和值得信賴的男性商量／需要理性的判斷／留意男性特有的疾病／勇敢挑戰／不可以顯露兇暴的一面

❧ 牌陣解讀法 ❧

※「紳士」牌會根據鄰近的牌而改變人物形象。

【紳士】　【鳥】

〈男性〉　〈對話〉

健談的男性
「紳士」牌代表人物。顯示這個人物就像叫個不停的「鳥」一樣，個性喜歡聊天或十分健談。

【紳士】　【狗】

〈男性〉　〈伙伴〉

男性友人
「狗」牌代表對等的友人。在身邊的男性當中，尤其意指感情很好的朋友。

29
淑女
LADY

［女性］

重視自己內在的女性特質，
現在正是突顯柔軟身段的時刻。

❋ KEYWORD ❋

女性特質、戀人（女朋友）、女性友人、女人味、被動的

「淑女」牌也和「紳士」牌一樣，都是表示人物的牌。如果你是女性的話，這張牌就會成為本人牌，倘若你是男性，則意指戀人、妻子、女性友人、女同事與女伴。

另外無關乎性別，有時也是在表示一個人內在的女性特質，例如溫柔體貼、情緒化、現實性、被動性及協調性等等。當這張牌出現時，若能突顯出自己內在的女性特質，事情應該會得到不錯的發展。

再者也是在表示，你可能會遇見改變人生的女性。

❋ 解讀的 POINT ❋

與「紳士」牌一樣，「淑女」牌也會採用正逆位。「淑女」視線看向的那張牌，代表她在追求的東西、想要解決的事情、覺得很重要的事物，位在背後的牌代表看不見的東西、迷失的事物。用來占卜愛情時也是一樣，請從「淑女」、「紳士」的位置與視線方式，解讀出二人的想法及親密度。除此之外，有時也是在表示這個女性對你而言屬於關鍵人物。

◈ 來自雷諾曼卡的訊息 ◈

愛情	女性主導將會進展順利／得到女性友人協助就會成功／應保持舉止優雅／戲劇性的戀愛／被動的態度
對方的心情	具有消極且成熟的印象／給人活躍又優秀的印象／帶有女人味的感覺／因為喜歡的女性而感到開心／對自在的感覺抱持好感／主張女性優先
工作	女性主導就會進展順利／大量採納女性的意見／善用女性的感性／做事情要善用美的品味／工作上必須能吸引女性客層
狀況	身邊的女性會成為關鍵人物／女性特有的身體不適／發揮女性特質／與女性密切相關／深入理解女性的時候／女性參與才能更快解決事情
人際關係	站在女性的觀點解決事情／同理心比起理性更能使事情進展順利／冷靜應對才會奏功／請某人來領導／應對時須保持溫柔體貼且身段放軟
未來	需要女性的支持／近日認識的女性會成為關鍵人物／對象轉換成女性／發揮女性特質／變得被動／善用柔軟身段及溫柔特性
建議	詢問看看身邊女性的意見／選擇感覺良好的事物／在任何人面前都要表現良好／試著交給女性處理／先不去想未來，而要以眼前的事情為優先

◈ 牌陣解讀法 ◈

【淑女】　【月亮】
〈女性〉　〈精神面〉

【淑女】　【房子】
〈女性〉　〈家庭〉

※「淑女」牌會根據鄰近的牌而改變人物形象。

直覺敏銳的女性

代表直覺及心理層面的「月亮」成為「淑女」的人格特質，所以可解讀成具有敏銳直覺及感性的女性。

賢妻良母

「房子」是家事及家庭的象徵。可解讀成「淑女」是在家裡擅長家事的賢妻良母。

30
百合
LILIES

［純粹、性］

純白花朵宣告的是純真的愛情，
還是激烈的情欲？

❀ KEYWORD ❀

[清純、潔白、性慾、成熟、老後、看護、自我犧牲]

36張雷諾曼卡中，「百合」是最難解讀的牌，因為可解釋成「純潔」、「貞潔」，也能解釋成「性愛」、「官能」，同時具備正反兩面的意思。

白百合是純潔的象徵，使人聯想到處女之身卻同時懷有身孕的聖母馬利亞。代表著高潔且沒有一絲汙點的愛，呈現出柏拉圖式的戀愛關係。另一方面，百合花甜蜜濃醇的香氣卻像春藥一般誘惑人心，常常意指高漲的欲望。

究竟是「聖愛」或是「性愛」，這個答案請交由從天而降的靈感來解答。

❀ 解讀的 POINT ❀

「百合」除了與愛情有關，同時也是表示醫療、看護相關的重要議題。有時還意指年長者或是有威嚴的人。另外這張牌也會在深思熟慮所有人際關係，以及自己的未來等問題上頻繁出現。並不會讓人馬上看出結果，需要耐心等待才會得到答案。此外正如「潔白」一詞象徵的涵義，禁止做出無恥的行徑。凡事都要光明正大，用坦蕩的態度去面對。

❧ 來自雷諾曼卡的訊息 ❧

愛情	深藏在心裡柏拉圖式的愛情／不能任其發展而要慢慢加深關係／不會隨便獻身的關係／老夫老妻或熟年伴侶／靜靜守護對方的愛／變成性伴侶／欲望高漲／沉溺於性愛
對方的心情	用單純的心情看待／感受到性魅力／有氣質又清秀的感覺／感覺比實際年齡大／給人高不可攀的感覺／像是老夫老妻的穩定愛情
工作	投入任何工作都要保持自尊／以單純的心情去工作／不做虧心事／透過親戚介紹找工作／老員工是關鍵所在／一直工作下去／看護行業／夜間工作／技術職
狀況	必須先踏實工作／越來越千錘百鍊／熱衷於化妝／誠實面對不說謊／用奉獻的精神面對／不再隱瞞事實
人際關係	用單純的心情面對／與年長女性及有夫之婦有關／發生性關係／用坦誠的態度開誠布公／與文雅有常識的人交往／與表裡如一心思單純的人交往／為他人盡心盡力卻將自己的事置之腦後
未來	最終會證明清白／即將升職或晉級／努力獲得認可／與家人或親戚有關／問題圓滿解決／變成熟
建議	做出誠實不狡猾的選擇／花時間好好努力／投身志工活動／選擇和平的做法／重視年長者的意見／用單純的心情去面對

❧ 牌陣解讀法 ❧

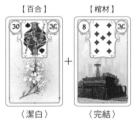

【百合】〈潔白〉　＋　【棺材】〈完結〉

冤罪、冤枉、潔白

一般會在因不實之罪去世的人墓前種植白百合，所以當「棺材」旁邊出現「百合」時，可解讀成冤罪或無罪證明。

【百合】〈性關係〉　＋　【愛心】〈愛情〉　＋　【蛇】〈惡行〉

不倫關係

「百合」與「愛心」表示肉體方面的強烈欲望。此時再加上「蛇」的話，即意指明知不可為卻無法停止的愛情。

31
太陽
SUN

［成功］

耀眼光芒反射出邪惡與不安！
靠最強大的太陽牌讓一切好轉。

※ KEYWORD ※

[運氣很好、莫大幸福、晉級、光榮、活力、能量]

　　巨大、炎熱、耀眼的太陽，是造就萬物活動的能量之源。這樣的「太陽」牌，是雷諾曼卡中運氣最好的牌。與正面牌比鄰的話，將進一步加強正面牌的涵義，假如旁邊出現的是負面牌，也能抑制負面牌的涵義，堪稱力量最強大的一張牌。

　　即便你現在正處於低潮期，只要「太陽」牌出現之後，凡事都會好轉。愛情、工作、人際關係等所有的一切，都會往好的方向發展，肯定可以穩操勝券。讓耀眼的陽光作為你的後盾，邁開信心十足的腳步向前進吧！

※ 解讀的 POINT ※

　　雷諾曼卡中最積極正向的「太陽」牌，會將周圍牌卡的負面要素吹散，使正面要素更加強大，算是深受大家喜愛的一張牌，將會召來絕佳運氣，讓發生的事情圓滿落幕。但是當遮蓋太陽的「雲」牌出現時，就是在暗示要暫時停下腳步，這點必須特別留意。不過隨著時間流逝之後，天氣便會好轉，因此大可放心下來。此外「太陽」會散發光亮照耀所有的一切，當出現「書本」牌的時候，也是在表示打算一直隱藏起來的事情可能會曝光。

來自雷諾曼卡的訊息

愛情	告白非常成功／現在正是坦誠心情的時候／開懷暢笑就會一帆風順／態度積極就會奏功／戀愛的機會來到／公開承認戀人的存在／愛情運上升／被心儀的人喜歡
對方的心情	不自覺地愛上對方／對可愛的笑容感到心動／有信心贏過對手／想要繼續拉近距離／想提出邀約／抱持樂觀開朗的心情／在一起時很開心／眼裡只有你
工作	用心工作就會進展順利／被任命聲望崇高的職務／功績備受認可／十分成功／陰險行徑浮出檯面的時候／電力事業／太陽能系統
狀況	不順利也會馬上恢復正常／問題近日就會獲得解決／如願進行的幸運時期／得到想要的東西／願望即將實現／凡事積極進取就會有好運降臨／充滿自信
人際關係	以領導之姿開心交流逐漸拉攏身邊的人／關係惡化後獲得修復的機會／謊話容易敗露／與開朗有活力的人交往／說清楚講明白才會得到好結果
未來	夢想的結果即將到手／莫大的幸運從天而降／如願實現願望／隱藏的真相馬上就會一清二楚／用心地付出得到成果
建議	凡事都要充滿自信努力實現／樂觀看待一切／趁著好運不斷前進／不斷挑戰收穫成果／說出心中的想法

牌陣解讀法

【太陽】　　　　　【錨】

31　　　　　　　35

〈光榮〉　　　　〈工作〉

工作上飛黃騰達

「太陽」是36張牌中最幸運的一張牌，搭配代表工作的「錨」，即可解讀成在工作上功成名就或升職等等。

【太陽】　　　【雲】　　　【鐮刀】

31　　　　6　　　　10

〈光榮〉　　〈遮蓋〉　〈備受衝擊的事情〉

遭人暗算

「鐮刀」意指打擊很大的事情或分割。似乎是有人躲在雲裡，企圖奪走光榮寶座，所以要小心周遭狀況，以免好不容易得到的「太陽」，也就是成功的機會被人奪走。

32
月亮
MOON

［夢想、名聲］

接受暖心的支持，
展現你特有的光采。

❀ KEYWORD ❀

［ 人氣、直覺、預感、感受性、才能、羅曼史、支持 ］

　　在夜空中奇幻閃亮的「月亮」牌，是你靈感湧現的信號。讓月亮神祕的力量籠罩全身，感覺會變得敏銳，豐富的感性及創造力將源源不絕，或者也是代表有人迷戀上你這種創新的能力。看來內在才能大放異采，受人認同的時刻指日可待。

　　相對於主動發出強光的「太陽」，「月亮」必須反射太陽光後才會發光，由此看來這張牌是在周遭支持下才能顯露頭角。請你誠心地接受這份恩惠，隨心所欲地發光發熱。

❀ 解讀的 POINT ❀

　　塔羅牌中的「月亮」牌給人一種不安的感覺，但在雷諾曼卡中，就像月亮在太陽照射下發光一樣，表示得到周遭的支持及協助後才能發光發熱，也是受歡迎程度上升的徵兆。此外，即便你現在感覺狀況不佳，但是月有陰晴圓缺，肯定又會自然而然回復原狀，所以大家不妨靜觀其變。如果是在女性身上出現這張牌，有時也是在表示生理不順或是賀爾蒙失調。記得要好好睡一覺，也可以利用薰香等方式讓自己放鬆一下。

❦ 來自雷諾曼卡的訊息 ❧

愛情	浪漫的愛情／在他人促成下使戀情順利進展／慢慢打破心防朝戀愛發展／出現命中註定的對象／內心動搖的戀愛／晚上約會／直覺會合得來的對象
對方的心情	感覺兩顆心的距離會慢慢拉近／想在晚上見面／一直隱藏自己的想法／一直掛在心上／希望得到別人的支持／心情動搖不定／感覺到命運的安排／懷抱著浪漫的想法
工作	發揮品味及感性／在創意領域大有斬獲／受到周遭認同人氣高漲／得到支持心懷感激／創造者／夜間工作／美術行業／占卜業
狀況	稍待片刻情況將逐漸好轉／感性變敏銳的時刻／自戀程度加劇變得情緒化／受女性強烈影響的時候／備受歡迎顯露頭角／修復
人際關係	出現拔刀相助的人／仰賴朋友的幫助／交友關係出現變化／成為受歡迎的人／與感覺良好的人們來往／受到對方的情緒及言語擺弄
未來	認真表現受到認同／善用優異的品味／越來越受歡迎／出現粉絲及支持者／潮流會出現變化／與時俱進
建議	順從自己的直覺／發揮感性／應選擇創意領域／留意周期性的身體不適／提醒自己晚上要放鬆／再不舒服也要先觀察看看

❦ 牌陣解讀法 ❧

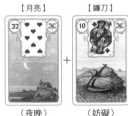

〈夜晚〉　　〈妨礙〉

睡眠障礙

代表晚上睡眠或放鬆的「月亮」，受到「鐮刀」阻礙的雙牌組合，可解釋成無法安眠的狀態。

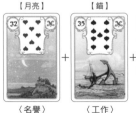

〈名譽〉　　〈工作〉　　〈遮蓋〉

名譽蒙上陰影

「錨」代表工作，「月亮」代表花時間握在手上的名譽及成功，因為被「雲」遮蓋而暫時隱藏了起來。

33

鑰匙
KEY

［啟示］

掌握有幫助的啟示，
擺脫惱人的問題。

❊ KEYWORD ❊

解決對策、重點、安全感、幸運的關鍵、密碼、鎖定螢幕

「鑰匙」能打開被關上的門或箱子，讓看不見的世界被人看見。這張牌是在告訴我們將會得到解決問題的線索，或是用來解開謎題的提示。一直抱頭苦惱的問題會因為小小的契機而獲得解決，使人體會到通體舒暢的感覺。另外有時也是在提示我們，通往閃耀未來的幸運關鍵即將出現。

而且從房子或金庫上鎖這點會使人聯想到，「鑰匙」同時也具有守護重要事物的作用。無論是有形或無形的事物，都能守住不被人奪走。

❊ 解讀的 POINT ❊

困擾的事情或是煩心事，即將找到方法解決的時候。與「鑰匙」牌比鄰的牌將會告訴我們如何解決。另外有時也是在催促我們思考一下安全對策，所以要好好檢視自宅、個人資訊以及網路的安全性問題。與「棺材」牌並排的話，意指很難將緊緊鎖上的箱子打開，也許問題內部的真實情況會一直充滿謎團，有時這樣反而比較好，所以現在不必硬去撬開，順其自然吧！

❧ 來自雷諾曼卡的訊息 ❧

愛情	曾經放棄的人卻向自己告白／戀情發展的契機來到／還不想公開關係／選擇靠得住的對象／打開對方的心
對方的心情	隱藏想法不說出來／對他人的警戒心強／想要守護你／想要打開心防接納你／感覺對方是會敞開心防的人／想知道如何讓關係發展下去
工作	不斷成長往下一階段邁進／晉升／好機會終於到來／問題解決／留意公司內部情報外洩的問題／更改密碼或鎖的時候／安全性／保全公司／鎖店
狀況	得到好轉的契機／檢討防盜對策／徹底整備／管理家計或資產／現在不能外出必須待在家裡／麻煩獲得解決／得到啟示
人際關係	有機會加深感情／朋友之間還是會隱瞞心事／心裡話只向親密友人傾訴／不讓其他人加入團體當中／排他性／在對方幫助下發現全新的自己
未來	事情進展到重要階段／找到解決方法／可以突破眼前的瓶頸／出現值得信賴的關鍵人物／暫時放下的東西日後會被善加運用／得到啟示
建議	環顧四周即會得到啟示／防盜措施須多加用心／小心洩漏個人資訊／選擇公布的時間點／使出殺手鐧的時候

❧ 牌陣解讀法 ❧

【鑰匙】　　【房子】

〈防盜〉　　〈家庭〉

自家的鑰匙、居家防盜措施

「房子」就是自宅，此時再加上「鑰匙」，即意指防盜或玄關的鑰匙，也包含保全系統。

【鑰匙】　　【魚】　　【書本】

〈鑰匙〉　　〈金錢〉　　〈祕密〉

祕密資產

「鑰匙」與「書本」的組合，雖然可以解讀成上鎖的日記本，但是此刻會解讀成祕密或想要隱藏的事物。搭配上代表金錢的「魚」，則意指祕密資產。

34
魚
FISH

［資產］

在金錢、財產方面會發生好事的預兆，
另一方面卻必須特別留意衝動及貪心的行為。

❀ KEYWORD ❀

[金錢、豐饒、財富、資產、投資、擴大、性衝動、食慾]

　　從魚會產下無數顆卵的生態，象徵著「豐饒」、「豐富」與「子孫滿堂」，所以鯛魚及金魚在日本都會讓人聯想到喜事及財運亨通。雷諾曼卡中的「魚」牌也會讓人聯想到富饒，代表金錢及資產。也許會發現令人開心的預兆，例如金錢運會上升。但是無論好壞都是象徵著金錢方面的議題，所以有時也是在表示要面對金錢的問題。

　　另外從食慾旺盛、來者不拒的情形看來，魚出現時也可能是意指衝動或貪心的行為，建議要加以自制，以免受欲望驅使而做出魯莽的行為。

❀ 解讀的 POINT ❀

　　發生與金錢相關的事情時，就會出現這張牌。譬如收入增加或是資產運用的好時機來到等等，在金錢方面似乎會有好事發生。透過比鄰的牌就會知道將得到哪方面的金錢。此外在表示富有的人時，諸如資產家、高薪職業等等，也經常會出現這張牌。另一方面則如上述所示，過於貪心買下超出預算的東西，還有吃太多喝太多的時候，也會出現這張牌，所以要適可而止。

❦ 來自雷諾曼卡的訊息 ❧

愛情	容易發展成一夜情／約會費用增加／擴展戀愛對象的範圍／和有錢的對象有緣分／昂貴禮物會奏功／不小心橫刀奪愛／欲求不滿
對方的心情	對於金錢的問題耿耿於懷／想要請客／想要送禮／備受性衝動折騰／想要慢慢累積愛的感覺／想要增加見面次數
工作	資金周轉順利／大獲成功收穫滿滿／須留意經費使用過度的時候／加薪的機會／顧客及分店的數量慢慢增加／與魚或大海有關的職業
狀況	金運亨通／取得佳績／前期投資帶來豐厚回報／現在正是用錢的時候／想做的事情時機來到／食慾旺盛
人際關係	有機會認識很多人／交際活躍，花費大把金錢／善用有幫助的人脈／一個人會幫自己介紹許多人／必要的緣分降臨
未來	資產運用十分成功／從海外的緣分得到幫助／轉職成為自由業／金錢運上升財富增加／順勢開始行動／貪心導致生活一團亂
建議	檢查收支平衡／和具有未來性的人交流／投資在興趣或進修上／放眼海外廣泛思考／積極經營人脈／適可而止莫要貪心

❦ 牌陣解讀法 ❧

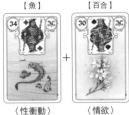

【魚】〈性衝動〉　＋　**【百合】**〈情慾〉

沉溺於性慾
不管是「魚」或「百合」，皆有性慾及性愛的涵義。會讓人聯想到本能的一面失去控制，沉溺於性愛的情形。

【魚】〈金錢〉　＋　**【房子】**〈住宅〉　＋　**【十字架】**〈負擔〉

房貸
代表金錢的「魚」與代表住宅的「房子」，搭配起來即表示房租或購屋金。此時再加上背負長期負擔的「十字架」，即意指房貸。

35
錨
ANCHOR

［安定］

行事光明磊落加上堅定不移的意志，
才能栓住四處漂泊的船隻。

❋ KEYWORD ❋

安心、安全、牢靠、工作、與社會連結、頑固、基石

　　牌中描繪的圖案，是沉重堅固的「錨」，將一直在四處漂泊不定的船緊緊栓住，象徵著安定與安心。讓左搖右晃的船踏實停留在一處的模樣，就是這張牌想要告訴我們的涵義，現在正是按兵不動，從容做好準備的時候。為了隨時出發，必須將安心安全擺在第一位，做好萬全的準備。

　　「錨」也是意指工作的牌，多數都是表示人與社會之間的緊密關係，有時也意指對工作十分有熱忱的人。另外如果是正在求職的話，也許會以正職錄用，所以大可放心。

❋ 解讀的 POINT ❋

　　這張牌畫著沉甸甸的「錨」，多數都是在意指工作。為工作的事煩心時，這張牌將成為主題牌。除此之外，也會在表示與公司緊密連結，或是工作穩定時出現，譬如以正職錄用等等的情形。希望能正職錄取，還有把工作看得比愛情重要的人，也會經常出現這張牌。多數會出現在比他人加倍努力工作的人身上，所以不知不覺間工作會變得很繁重，必須檢視一下自己是否被壓得喘不過氣來。

❧ 來自雷諾曼卡的訊息 ❧

愛情	建立起深厚情感緊密相連／想分開卻離不開的關係／愛情順利可以繼續維持／工作比愛情更重要的時候／與備感安心的對象交往
對方的心情	想要認真交往／想要進一步溝通／對你十分著迷，眼裡根本容不下別人／希望你多依賴一點／希望能負起責任認真交往／想和你並肩同行／希望你在身邊／十分信任
工作	被社會或公司所需要／可以穩定地繼續工作／有緣進入穩定的公司／無法休息的工作環境／不適合換工作的時候／畢生志業／正職員工／專家／工作狂／船舶相關
狀況	十分穩定／受限於價值觀或個人常識／仔細考量一下現狀／當作準備的時間，不急於一時／現在最好不要隨便出手／確立風格／專心工作
人際關係	和穩定的人交往／彼此信賴／可靠的人值得信賴／一籌莫展／確定要交往的人／出現扯後腿的人／難以掙脫束縛
未來	該是安頓下來的時候／站在負責任的立場／趨勢穩定順利進行／很難離開這個地方／凡事綁手綁腳／可以專心工作
建議	訂立長期目標繼續前進／不是挑戰新領域的時候／提醒自己不能頑固／做好準備／現在應維持現狀堅持到底／以現實為基本考量

❧ 牌陣解讀法 ❧

【錨】　　　【鞭子】

〈工作〉　　〈疼痛〉

工作出問題
表示固定工作的「錨」，與代表疼痛的「鞭子」
組合起來之後，可解讀成工作上出問題。

【錨】　　　【太陽】　　　【紳士】

〈安定〉　　〈表裡如一〉　　〈男性〉

值得信賴個性認真的男性
「紳士」加上正派且不說謊的「太陽」，以及
具有安定感的「錨」，表示這個男人個性認
真表裡如一，值得信賴。

36
十字架
CROSS

[命運]

背負著十字架乃命運使然，
接受事實才能大幅成長。

❋ KEYWORD ❋

宿命、使命、天命、啟示、重責大任、重擔、苦戰

「十字架」是命運及宿命的象徵，另外也是表示苦難、受苦、重擔與重責大任的牌。眼前的問題似乎無法輕易獲得解決，而且也避不開接下來必須面臨的難關。但是這種情形絕非偶然，而是勢所必然，因為這是上天的安排，所以無法憑一己之力加以解決。

這種情形無須感到絕望，順應命運接受安排，克服考驗之後一定會有收穫。任何痛苦都要樂在其中，並且勇於面對，未來你的身心靈肯定會有所成長。

❋ 解讀的 POINT ❋

這張牌表示被動地受世事影響，在無人犯錯下遭遇困難的情形。多數是「為了家人」、「為了某人」而犧牲，或是責任感過重使然，記得要偶爾喘口氣，放下肩上重擔，以免被壓力及疲勞累垮了。這張牌會給人一種沉重的感覺，也可以用來形容「命中註定」，所以和「愛心」牌並列時即可解讀成「命中註定的戀人」，與「錨」牌並排的話就是意指「天職」。

❧ 來自雷諾曼卡的訊息 ❧

愛情	命中註定兩人會相識／命運的安排／長時間單戀的心已經累了／聽天由命不要勉強為之／充滿考驗的愛情／緣分深厚的二人
對方的心情	感覺這是命運的安排／想要一起走下去／再辛苦也要攜手克服／覺得這就是命中註定／想要完全相信並接受對方／背負重擔感到辛苦／覺得很痛苦
工作	發現自己的天職／克服考驗／進修的時候／在痛苦中學習／突破界限提升能力／下定決心全力以赴／宗教相關／心靈相關
狀況	懷抱著使命感／再痛苦也要接受／深刻領悟／遇上無法避免的事情／冷靜下來將眼光放遠／該怎麼做就怎麼做／壓力極大／得到救贖
人際關係	順其自然／相識自有其意義／會發生問題的徵兆／希望別人來守護自己／可以克服難關的伙伴／與宗教相關人士有緣分
未來	下定決心的時刻來到／發生自己無法掌控的事情／百般容忍／克服考驗後將會成功／充滿使命感／發生命中註定的事／獲得深度學習／大幅成長
建議	不要老是為了別人著想，是時候花時間在自己身上／全力以赴後聽天由命／將辛苦的事情當作考驗／貫徹信念努力工作／先抒發一下壓力

❧ 牌陣解讀法 ❧

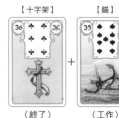

【十字架】　　　【錨】

〈終了〉　　　〈工作〉

退休的時候

表示結束時刻的「十字架」，搭配上代表工作的「錨」，即表示工作期間的最後階段。

【十字架】　　　【鞭子】　　　【蛇】

〈痛苦〉　　　〈疲勞〉　　　〈惡行〉

備感壓力的關係

「十字架」是感到十分痛苦的狀態，再加上「蛇」在扯後腿，表示在「鞭子」折磨下身心俱疲的狀態。

設定「個人規則」
才能與雷諾曼卡相處愉快

經常有人問我一個問題：「自己的雷諾曼卡是不是別讓人碰到比較好？」

答案會是YES，也會是NO，因為情況會因人而異。舉例來說，感覺雷諾曼卡被人摸了之後，這個人的意念就會轉移到牌上，所以當你的牌被人碰了之後你心裡會覺得怪怪的，對你來說答案就會是「自己的雷諾曼卡最好別讓人碰到」。

像我完全不在意牌被人碰到，所以會讓問卜者自由觸碰我的雷諾曼卡。一開始占卜的時候，我會展示各種款式的雷諾曼卡讓問卜者隨意觸摸，請他們選出有感覺的那款雷諾曼卡，因為有些牌會像朋友一樣令人感到很舒坦，有些會讓人感覺十分溫柔具有包容力，甚至有些牌反而會讓人精神抖擻起來。其實從問卜者依照喜好挑選雷諾曼卡的時候，我的占卜解讀就已經展開了。

重點是要設定出自己覺得最自在、最合適的「個人規則」，而不是定出嚴格的規則。就像對於戀愛以及工作的觀點也是因人而異一樣，用雷諾曼卡占卜時，找出適合自己的方式就行了。

Chapter 2

解讀基礎篇

終於要開始挑戰如何解讀雷諾曼卡！
先從最輕鬆的單張牌占卜開始，最後就會
逐步精通大藍圖牌陣占卜的解讀方式。
另外也會為大家介紹獨創牌陣如何解讀。

調整身心、整頓環境，
做好解讀的準備

解讀雷諾曼卡的時候，除了要用心營造出清淨的空間，還要確保身心處於健康的狀態。尤其當身心疲累的時候，應該暫時停止占卜。

無論是在工作或是處理人際關係，身體不適還有睡眠不足的時候，很難會有很好的表現。占卜也是同理可證，即便你硬撐著疲勞的身體試著解讀，不但理解力會變得遲鈍，也容易偏向負面思考，準確度便無法提升。用雷諾曼卡占卜時，直覺以及豐富的想像力有助於擴大解讀的範圍。在身體十分疲勞的狀態下，感性便無法敏銳發揮。所以請提醒自己休息一下好好充充電，等到身體狀況回復後再開始占卜。

除此之外，誠如右頁所示，在解讀當下還有幾個重點必須謹記在心。雖然所有重點都能做到的話最是理想，但也不必過於神經質，請試著放鬆心情從做得到的地方開始做起吧！

習慣 肩膀放鬆不要緊張

進行深呼吸

在身心緊繃的狀態下，直覺並不會發揮作用。所以在開始解讀之前，請先養成深呼吸的習慣。將全身的力量放鬆，大口吸氣再吐氣。吐氣時，也要將雜念及邪念一併排出體外，讓自己保持思緒清晰。

環境 營造整齊清潔的宜人空間

保持桌面整潔

桌面散亂會使注意力渙散。桌面上物品雜亂的人，請先將桌面整理乾淨。另外也可以放置一些能量石或蠟燭等物品，會對自己的情緒有幫助。

用桌巾保護重要的雷諾曼卡

擔心洗牌時會造成摩擦的人，建議要在桌上鋪上桌巾。現在占卜用品店也越來越多，桌巾種類十分豐富。不妨準備一條個人喜歡的桌巾，每次將雷諾曼卡攤開時，心情也會變好喔！

維持室內空氣清淨

待在空氣不流通的環境裡，人會不知不覺越來越累，變得心浮氣躁。想讓直覺更敏銳，讓靈感澈底發揮作用的話，就要隨時讓室內保持通風，經常引入新鮮的空氣。

推薦使用薰香

解讀時會帶入個人的強烈想法及情緒，人肯定很容易陷入情境或牌義當中。薰香發出的隱約香氣除了有助於放鬆心情，還能發揮淨化整個屋內、占卜者本身以及雷諾曼卡的效果。

準備 愛護雷諾曼卡

打招呼說聲「幸會」

拿到新的雷諾曼卡之後，先抽張牌打聲招呼吧！洗牌同時一面問說「你是怎樣的雷諾曼卡？」然後將有感應的那張牌抽出來，這張牌就是這副雷諾曼卡的特色。如果抽到「鐮刀」牌或「鞭子」牌，代表這副牌的特色是嚴格，抽到「愛心」牌或「幸運草」牌的話，也許是表示這副牌十分溫柔。透過第一張抽出來的牌，就能掌握這副雷諾曼卡的性格。

雙手洗乾淨

觸碰雷諾曼卡的手，最好要保持清潔。就像人與人握手時，手不乾淨的話是很失禮的行為，所以在摸牌之前要先洗手，用乾淨的手來操作雷諾曼卡。洗手的時候，想像自己在神社洗手一樣，心裡要想著身心都要好好淨化。

不可不知的「解讀心法」

雷諾曼卡能在我們感到迷惘或煩惱時，提供解決的對策，指示我們應該前往的方向，十分值得信賴。想要好好運用雷諾曼卡，必須先了解一下解讀的心法。

首先最重要的一點，就是不要太在意結果如何。避免一心追求想要的結果，而對每次抽出來的牌時而歡喜時而憂愁。解讀時的關鍵，就是要捨棄先入為主的觀念。無論結果是好是壞，最終都是由你自己來做出判斷，來自雷諾曼卡的訊息，頂多當作提示或建議即可。一旦將所有的決斷寄託在雷諾曼卡上，自己完全不做決定，恐怕會對占卜產生依賴。

此外還有一點也很重要，千萬不要過度聯想。占卜只是用來讓人生擁有更多的選擇，讓人生更多采多姿。總是聚焦在命中的事情上，將會看不清事情的本質。

不可以依賴，而要有效運用。用這種心情來看待雷諾曼卡，雷諾曼卡才會成為你的最強後盾。

解讀時的注意事項

① 自己的想法才會創造未來 而非雷諾曼卡

乍看是負面牌,其實也會給你很好的建議,幫助你創造更美好的未來。相信你一定會從中獲得知識並且有所發現。不要輕易感到沮喪,而要善用負面牌的建議,自己重新做決定,才能避開麻煩,朝著希望的方向邁進。

② 相同問題不要占卜 好幾次

如果是為了練習,相同問題占卜好幾次也沒關係,但是不能因為沒有出現希望的結果,於是反覆詢問相同的問題,最少也要間隔二週的時間再提問。最初出現的結果一定有它的意義,要誠實面對雷諾曼卡傳達給你的訊息,再從中找出關鍵。

③ 事先設定好占卜的期限

占卜時,建議事先設定好占卜的期限。如果沒有設定時間,占卜後的結果恐會變得曖昧不明。順便提醒大家,雷諾曼卡通常只能解讀未來三個月內的事情,最多不會超過六個月,所以比較適合占卜未來不久的事情,不適合占卜太久以後的事。

④ 排除主觀,刻意站在 公平的立場

每個人都希望夢想能早日實現、煩惱能獲得解決。想法越強烈的時候,越要提醒自己不能主觀。有時候強烈的願望或主張,會將結果扭曲成自己想要的答案。為了確保解讀的準確性,盡可能要提醒自己站在中庸的立場。

⑤ 明確設定好問題的內容

來找我問卜的人經常出現一種情形,在占卜的時候很在意這件事情……又在意那件事情……結果逐漸脫離當初說好要占卜的問題,如此一來,解讀內容會變得雜亂無章。所以一開始就要設定好問題,最好將問題寫下來記在某個地方。

學習基本的
洗牌方式、抽牌方式與擺牌方式

　　雷諾曼卡占卜的基本流程包含洗牌、抽牌與擺牌。但是如何洗牌、如何抽牌以及如何擺牌，最終將形成不同的結果。第一次用雷諾曼卡占卜的人，也許會對每一個環節的做法感到無所適從，其實不必想得太複雜。先來學習本章節介紹的基本做法，等到了解到一定程度之後，再試著用自己獨創的做法來占卜，也不失為一種樂趣喔！

①一面在腦海中思索問題
　一面洗牌

　　將牌卡混合便稱作「洗牌」，例如撲克牌使用的一般洗牌方式，稱之為「Hindu shuffle」。雷諾曼卡通常不會採用正逆位，所以用這種方式洗牌並不會有問題，不過我的牌陣在出現「紳士」牌、「淑女」牌、「雲」牌時會採用逆位，所以會建議大家使用「Wash shuffle」（插圖所示）的洗牌方式，將雷諾曼卡攤開在桌上混合。當然也可以搭配Hindu shuffle來洗牌，完全沒問題。洗牌的同時要一面想著問題，感覺牌已經洗好後便停止動作。

POINT

順從自己的感覺停止洗牌

也許有時候會覺得，隨便洗牌三兩下就夠了。洗牌也是雷諾曼卡在傳達重要的訊息，這是一種信號，用來引導你領略想要傳達給你的訊息，請務必遵循這樣的感覺。

②從上方抽出第7張牌，翻開正面後擺在桌上

　　牌洗好後，接下來要抽牌。基本上要從上方抽出第7張牌後翻開正面，不過不是第7張牌也沒關係，可以參考自己喜歡的數字或是生日來抽牌。解讀好幾張牌的時候，要先從上方取6張牌移到牌堆的最下方。然後將牌堆最上方的牌（第7張牌）翻開正面，並從接下來的牌中取出需要的幾張牌後擺好。使用36張牌的大藍圖牌陣也是一樣，要從上方第7張牌以後的牌開始擺牌，這樣才是正統的做法。

③只須按照配置排列，順序顛倒也沒關係！

　　擺牌的時候，要翻到有圖案的那一面。擺牌順序依牌陣（展開法）而定，並沒有嚴格的規則，所以擺錯了也沒必要重新修正。這時候還是要以自己的感覺為主。

POINT

設定個人規則也沒問題！

雷諾曼卡的每個牌陣皆有其基本流程，但是並沒有「絕對非這樣不可」的規定。最值得重視的，還是直覺以及當時的心情。雖然標準的擺牌方式是這樣，但是今天想換個方式進行時，請以自己的想法為優先。設定個人規則當然也完全不成問題。

何謂主題牌？

　　雷諾曼卡占卜的特色之一，就是存在所謂的「主題牌」。這張牌會投射出占卜者以及問題中主要的人物，或是問題本身。針對主題牌擴大解讀範圍，就能深入挖掘出你自己、關心的人以及主題內容。

　　從雷諾曼卡上描繪的象徵圖案，通常就能明白每張牌被分配的角色，所以請依照各自的狀況選擇適合的主題牌。舉例來說，若妳是女性的話，「淑女」牌就會成為主題牌；男性則是以「紳士」牌作為主題牌。接下來抽出的每一張牌，將會以你為中心，告訴你接下來會發展成怎樣的狀況及未來。這部分或許用人物關係圖的概念會比較容易理解。另外除了主題牌之外，還能設定其他的牌用來代表掌握問題關鍵的第三者，或是表示這個問題本身。

　　右頁將為大家介紹一般用來選出主題牌的方法，p.214～217會列出「主題牌一覽表」，請大家一併參考看看。

❧ 如何選出主題牌？ ❧

　　為大家介紹選擇主題牌時的重點及概念。有幾個方法可行，請大家選出適合當時狀況及心情的牌。

①用代表本人或對方的牌　作為選擇

這張牌代表問卜者本身，如果是女性即為「淑女」牌；男性則使用「紳士」牌。主要會用在想要占卜人際關係的時候。

②用符合對方設定的牌　作為選擇

選擇可代表問題中主要人物的牌。如果是小孩子就會是「孩童」牌；若為上司則使用「熊」牌。

③用占卜主題作為選擇

選擇會顯示出占卜主題的牌。占卜愛情時就用「愛心」牌；金錢相關的主題則用「魚」牌。

④用想知道的事情作為選擇

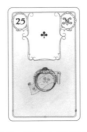

例如想占卜結婚的事情時，就使用代表婚姻本身的「戒指」牌。想知道會認識什麼人的話，就使用表示邂逅的「騎士」牌。

關於雷諾曼卡的逆位

　　牌卡以正常方向出現的狀態稱作「正位」，用上下顛倒的方向出現時稱作「逆位」。用塔羅牌占卜時，正逆位的牌義會出現很大差異，但是雷諾曼卡基本上並不會採用正逆位，無論是上或下的方向都是相同涵義。不過「紳士」牌、「淑女」牌則另當別論，這兩張牌和塔羅牌一樣，牌義會因為牌卡的方向不同而出現變化。雷諾曼卡的種類十分豐富，但是我會推薦大家使用「紳士」牌、「淑女」牌並排時，構圖上看起來相互注視的款式。因為透過牌卡的方向，可看出男女二人的心現在是否相通，或是各懷異心。

❧ 紳士牌、淑女牌的4種解讀方式 ❧

① 兩情相悅

紳士與淑女相互凝視的狀態，表示兩情相悅。

② 男方單戀

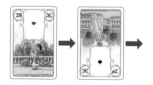

紳士看向淑女，淑女背對紳士時，就是男方在單戀。

③ 女方單戀

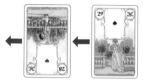

淑女看向紳士，紳士背對淑女時，意指女方在單戀。

④ 各懷異心

紳士與淑女彼此背對背的時候，代表現在各懷異心。

❧ 大藍圖牌陣的解讀方式 ❧

　　將36張牌全部展開的大藍圖牌陣，可透過代表人物的牌分別出現在何處，以及彼此是否視線相對，看出二人之間的關係與親密的程度。請留意牌出現在哪一列，還有上下的位置、距離感以及方向。以下是使用「紳士」牌、「淑女」牌占卜男女戀愛關係的範例。

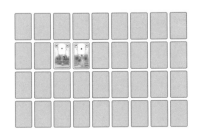 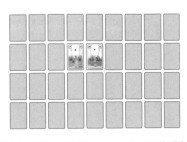

①彼此在同一列且面對面的情況下

紳士與淑女在同一列面對面時，表示兩情相悅的狀態。二張牌的距離越近，證明彼此強烈喜歡。

②在同一列比鄰，但卻背對背的情況下

不管距離再近，卻是背對背的話，代表各懷異心。二張牌的距離越遠，心也會離得越遠。

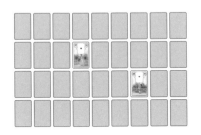 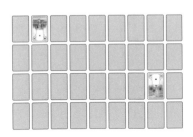

③在不同列，且背對背的情況下

在不同列，且視線方向也是相反的話，顯示現在二人內心的距離，或是現實中的距離皆相隔遙遠。另外有時也是意指彼此的心情是有落差的。

④在不同列，但只有單方的視線朝向對方的情況下

在不同列，但只有單方的視線朝著對方的話，表示凝視的一方在單戀，或是單方面有好感。在人際關係的交流上，此時是意指紳士為地位較高的人物，或是表示女性非常仰慕對方。

單張牌占卜

單張牌占卜只須抽出一張牌來占卜,是非常簡單的占卜法,很輕鬆就能完成占卜,所以最適合用來練習解讀。大家不妨來占卜看看,順便熟悉一下每一張雷諾曼卡。

❖ 擺牌方式 ❖

針對一個問題引申出條理分明的答案

從36張雷諾曼卡中,只抽出一張牌來占卜,適合用來占卜短期內的簡單問題,比方說今天的狀況或是明日的運勢等等。此外,也為了練習從一張牌開始擴展想像空間,請反覆抽牌才能逐步提升解讀能力。這時候培養出來的基礎,也會在抽好幾張牌占卜時運用得到。

❖ POINT ❖

練習引申出簡短的答案

單張牌占卜適合占卜短期內的事情。了解這張牌所傳達的訊息後,請練習用一句話引申出簡短的答案。解讀之後再回過頭檢討,漸漸地準確度便會提升。

問題範例

・今天的運勢如何?
・我必須留意哪些地方?
・今天對於愛情的建議是什麼?
・明天會認識怎樣的人?
・如何準備明天的會議?

占卜步驟與解讀示範

①設定提問的內容。

②洗完牌後整理成一個牌堆，從中抽出1張牌。一般會從上方抽出第7張牌，不過選擇哪一張牌其實都無所謂，也可以將所有的牌攤開再選出一張牌。若要占卜當天的運勢，可以抽出與日期相同數字的牌（例如當天是8日就抽第8張牌），像這樣設計個人專屬的抽牌方式也不失為一種樂趣。

Q1　今天的運勢如何？	Q2　明天約會時應該留意哪些地方？

【戒指】	【老鼠】

解　說

「戒指」表示約定的事情或契約。可解讀成和今天碰面的人，會約定好某些事情。

解　說

「老鼠」代表失誤或遺失物。不過負面牌可視為用來避開麻煩的忠告。

解讀結果

看來會發生與戀人或友人之間感情變好的事情，或是約定好要去令人期待的活動。除此之外，這天也是負責的工作能簽定合約的好日子，應該能用很好的條件簽約。

解讀結果

必須小心東西忘記拿、遭人調包、丟失物品等情形。另外也要留意無心之過，比方說記錯會合時間，或是搭錯電車等等。建議要用心做好明天的準備。

雙卡組合

雙卡組合是解讀雷諾曼卡組合的第一步。充分體會將雷諾曼卡組合起來再解讀的樂趣,同時好好磨練應變的能力吧!

❦ 擺牌方式 ❦
※ 擺放順序無限制

雷諾曼卡組合才是樂趣所在!

透過單張牌占卜掌握占卜的感覺之後,接著終於要來挑戰好幾張牌的牌陣了。第一步就是練習抽出二張牌占卜的「雙卡組合」。占卜方式很簡單,卻能比單張牌占卜進行更詳細、更深入的解讀。大家不妨用閱讀故事的角度掌握牌義,看看二張牌的組合在傳達哪些事情。

 POINT

針對近期事件提出具體的答案
從二張牌的組合聯想關鍵詞的雙卡組合,算是單張牌占卜的應用階段,可以進一步深入挖掘想要知道的事情。和單張牌占卜一樣,雙卡組合也比較適合詢問近期的事情。

問題範例
・今天要如何度過比較好?
・現在應該做什麼事情?
・上午和下午的運勢如何?
・應該提出怎樣的話題?
・請教我如何巧妙地主動進攻?

❧ 占卜步驟與解讀示範 ❧

①設定提問的內容。

②洗完牌後整理成一個牌堆，從中抽出2張牌。選擇哪一張牌都沒關係，不管是牌堆最上方的牌，或是從上方數下來的第幾張牌都無所謂，甚至於連續抽出二張牌也無妨。另外也可以將所有的牌攤開再選出一張牌。

③將二張牌組合起來解讀看看。

Q　工作上想不出好點子，有沒有什麼好方法？

【船】

【庭園】

解說

「船」表示出遠門，而移動的距離和乘船距離差不多，由此可知距離會遠一些。另外「庭園」代表眾人聚集的公園或遊樂園，會使人聯想到類似派對這樣熱鬧的場所，或是活躍的社交場所，並不是未經人為破壞、大自然豐富的地方，而要想像成人工打造美侖美奐的場所。

解讀結果

需要轉換心情的時候。你的靈感來源似乎是來自家裡以外的地方，而不是在你的腦海中。今天放假不妨去遠一點的地方走走，比方說到有點距離的公園散散步、參加市區舉辦的活動，或是到熱鬧的主題公園玩一玩，這些地方感覺都不錯。轉換心情後整個人就會煥然一新，靈感也會從天而降。

三卡組合

「三卡組合」是透過3張雷諾曼卡的組合進行解讀。比起抽二張牌，可以進一步深入找出答案，故事性也會增強。

❊ 擺牌方式 ❊ ＊擺放順序無限制

3張牌陣的解讀屬於複雜牌陣的入門

將3張雷諾曼卡組合起來進行解讀的三卡組合，算是接下來會出現的9張解讀之基礎牌陣。學會這裡的3張解讀之後，也就能順利解讀5張牌陣以及9張牌陣，甚至可以應用在大藍圖牌陣中，所以大家要仔細學習。

◀❈ POINT ❈▶

與生活連結才容易解讀

欲將三張牌串聯起來引申出建議，比方說如「嘗試做○○之後會變成這樣」、「○○表示這樣的狀態」，需要一定程度的練習。請將雷諾曼卡和自己的生活連結在一起，再思考看看。

問題範例

・休假日做什麼才會過得充實？
・這三天的運勢如何？
・這段關係會變得如何？
・告白後會得到回覆嗎？
・可以將男朋友介紹給父母嗎？

占卜步驟與解讀示範

①設定提問的內容。

②洗完牌後整理成一個牌堆，從中抽出三張牌（抽牌方式、擺牌方式無限制）。

③思考三張牌之間的關係後試著解讀看看，重點要像編故事一樣說出來。

三卡組合的解讀示範

（例1）從左開始視為過去、現在、未來

（例2）隨心所欲將三張牌串連起來

（例3）正中央為主題牌，接著解讀左右邊的牌

三張解讀還有其他不同的解讀方式。雖然（例1）可以用在三張解讀的牌陣，但是若要練習雷諾曼卡組合占卜的話，還是會建議（例2）、（例3）的解讀方式。

Q 我很容易羨慕別人，
究竟該怎麼做才能讓自己比現在更幸福？

【塔】

【幸運草】

【山】

解說

「塔」和「山」都是表示目標高度的牌，「幸運草」則意指小確幸，大家可以試著運用這當中的格局對比，編出一個故事。請想像一下自己完全進入到這個圖樣的世界裡，可愛的幸運草在你腳邊盛開著，但你眼中似乎只盯著遙遠的高山和塔。

解讀結果

對於目標或幸福的標準是不是過高了呢？真正的幸福也許已經在你腳邊了。眼睛只往高處看的話，小小的幸運草恐怕會被你踩死。站在高塔上是看不見幸運草的，在險峻的山中也很難找到。首先應該感謝小小的幸福，如此一來大大的幸福才會在不久後成群結隊來報到。

牌陣
4

二選一牌陣

不知道該選 A 或 B 時可以使用的牌陣，利用抽3張牌再二選一的方式就能進行占卜。解讀的關鍵在於能不能提出條理分明的問題。

❧ 擺牌方式 ❧

方案A

方案B

本人牌

明白下一步該往哪個方向邁進的關鍵

有二個選項的情況下，往往必須做出一個選擇。不知道該往哪個方向邁進時，試著用這個牌陣來問問看吧！同時預見二個未來的局勢，才能仔細擬定作戰計畫，讓你不再感到迷惘不安，得以勇往直前。

─❧ POINT ❧─

重點在於提問內容要明確

二選一牌陣最重要的一點，就是如何縮小問題的範圍。「我不確定現在是不是要這麼做，請提示我選擇 A 或 B 的情況下，未來會有怎樣不同的發展」，必須像這樣釐清現狀後，再提出簡截了當的問題。

問題範例

・約會去水族館，還是開車兜風會玩得比較開心？
・在A公司工作，還是在B公司工作會比較開心？
・被二個人告白了，和哪一個人比較合得來？

❧ 占卜步驟與解讀示範 ❧

①設定可以二選一的問題。

②挑出本人牌後擺好。

③將剩下的牌洗好後整理成一個牌堆，從中抽出代表A方案的牌與代表B方案的牌。

④比較A方案與B方案的結果再加以解讀。

Q　正在計畫為朋友舉辦驚喜派對，不知道朋友(女性)會喜歡時尚的義式餐廳，還是懷舊的古民家餐廳？

A　義式餐廳

【鳥】

B　民家餐廳

【百合】

【淑女】

┌─────── 解　說 ───────┐

本人牌
因為要占卜的是女性友人，所以選擇
「淑女」牌。

A方案
「鳥」是會成群結隊嘰嘰喳喳叫的生
物，會使人聯想到開心熱鬧的畫面。

B方案
「百合」是氣質沉穩的花朵，相較於大
聲吵嚷，更會給人成熟氛圍的感覺。

解讀結果

這二張牌都是在告訴我們朋友會感到很開心，不過A方案的氣氛更為歡樂，所以義大利餐廳似乎更符合「驚喜派對」這個主題。最好再參考女性友人的嗜好及興趣，選擇合適的方案。

ADVICE　　提出二選一時，必須二個問題都是可行的方案，但是往往在二選一的時候，都用「做或不做」去提問，然而「不做」的結果對於現況並不會有任何改變。所以關鍵在於二個選項都要以可行的方案為前提，提問應為：「如果要做的話，應採用A方案還是B方案？」假如方案只有一個，就不能使用二選一牌陣，而要選擇適當的牌陣，重新提問：「要做的話該如何進行？」此外，二選一牌陣除了會出現A方案比較好或是B方案比較好的結果之外，也別忘了還得加上「二個方案都不行」、「二個方案都可行」，合計共有4種答案。

二選一
（5張牌變化版）

想要進一步鑽研二選一牌陣的人，可以來挑戰5張牌變化版。用3張牌占卜的二選一牌陣中，再分別加上一張用來表示「結論」的牌之後，就能針對二個方案進一步具體了解未來的發展。

❀ 擺牌方式 ❀

A方案的結論

選擇A方案的時候

選擇B方案的時候

B方案的結論

本人牌

占卜步驟

① 設定可以二選一的問題。
② 挑出本人牌後擺好。
③ 將剩下的牌洗好後整理成一個牌堆，從中抽出代表A方案的牌與B方案的牌後擺好。緊接著再將A方案的結論牌、B方案的結論牌也擺好。
④ 分別比較A方案與B方案的過程與結果，再加以解讀。

【詳細解說】

本人牌	主要當作問卜者或問題內容的牌。男性的話就選擇「紳士」牌，女性的話則選擇「淑女」牌。
選擇A、B方案的時候	用來解讀選擇不同方案時會有什麼發展的牌。例如「進行A方案之後會變成○○」、「做B方案之後會變成○○」，試著解讀出選擇該方案之後會發生的狀況。
A、B方案的結論	用來解讀選擇不同方案後，最終會如何變化的牌。搭配上一步「選定的方案」牌，逐步解讀現狀會如何變化、將造成怎樣的結果，編出一個故事來。

三選一
（7 張牌變化版）

將二選一牌陣增加選項，就能變成三選一牌陣進行解讀。基本原理和二選一牌陣完全相同。可以幫助我們在不知所措的三條岔路上，一探各種選擇的未來發展。

❦ 擺牌方式 ❦

B方案
的結論

A方案
的結論

C方案
的結論

A方案

B方案　C方案

本人牌

占卜步驟

① 設定可以三選一的問題。

② 挑出本人牌後擺好。

③ 將剩下的牌洗好後整理成一個牌堆，從中抽出代表A方案、B方案、C方案的牌後擺好。緊接著再將A方案的結論牌、B方案的結論牌、C方案的結論牌擺好。

④ 分別比較A方案、B方案、C方案的過程與結果再加以解讀。

【詳細解說】

本人牌	主要當作問卜者或問題內容的牌。男性的話就選擇「紳士」牌，女性的話則選擇「淑女」牌。
選擇A、B、C方案的時候	用來解讀選擇不同方案時會有什麼發展的牌。例如「進行A方案之後會變成○○」、「做B方案之後會變成○○」、「選擇C方案則會變○○」，試著解讀出選擇該方案之後會發生的狀況。
A、B、C方案的結論	用來解讀選擇不同方案後，最終會如何變化的牌。搭配上一步「選定的方案」牌，逐步解讀現狀會如何變化、將造成怎樣的結果，編出一個故事來。

5 張解讀
（單一牌陣）

這個牌陣是用來解讀主題牌上下左右的牌義。本書在大藍圖牌陣中也會出現5張解讀的技巧，在這之前先用單一牌陣來為大家介紹5張解讀。

✤ 擺牌方式 ✤

現在（現狀）

過去（原因）

主題牌

未來（結果）

提示

想想看牌卡位置的意義

以主題牌（本人牌）為中心將四張牌擺好，一共會使用5張牌進行占卜。位於主題牌正上方的是代表現狀的牌，接著從位於主題牌左側的牌可以了解造成現狀的「原因」（過去），然後從位於右側的牌可以延伸出最終會發生怎樣的結果（未來）。另外在主題牌的正下方會擺出「提示」牌，可由此獲得有幫助的建議，用來解決令人困擾的事情。

POINT

從原因、結果、提示引申出深層涵義

藉由5張牌，完整豐富主題牌的內涵。除了你身陷的現狀之外，還能解讀出原因、結果，甚至還會給出指示，讓人可以進一步地深入解釋，肯定會使你清楚明白往後自己應該前進的方向。

問題範例

・可以換工作嗎？
・怎麼做才能和那個人順利交往？
・這趟旅行會如何？
・怎麼做才能讓工作運變更好？
・如何和父母和睦相處？
・他對我是真心的嗎？
・怎麼做才能讓上司喜歡？

☙ 占卜步驟與解讀示範 ☙

① 設定提問的內容。

Q 我總是不善言辭導致冷場，究竟該怎麼做才能和身邊的人談笑風生呢？

問卜者：20幾歲（女性）

② 這個煩惱與溝通方式有關，因此以「鳥」牌作為主題牌（參閱p.214～217的主題牌一覽表）

③ 洗完牌後整理成一個牌堆，將主題牌擺在正中央。

④ 現在依序像畫圓一樣，以順時針方向將牌擺好。

（現在）

【雲】

（過去）	（主題牌）	（未來）

【鞭子】　【鳥】　【月亮】

（提示）

【樹木】

❀ 解讀方式的重點 ❀

現在	用來解讀「現在是這種狀態」的牌。「雲」表示現在不知道該如何是好的狀態。
過去	表示過去及原因，也就是「過去是這樣走過來的」。可以解讀成以前會用「鞭子」逼迫自己，「必須努力炒熱現場的氣氛！」
未來	可解讀成「未來應該會有這樣的發展」。可預料會像掛在夜空中的「月亮」一樣，在眾人支持下閃閃發光。
提示	可以給予提示用來解決煩惱及問題的牌。建議要像「樹木」一樣，給人安心的感覺。

解　說

依照現狀（現在）、過去、未來與提示的順序逐一解讀，才容易掌握牌義。首先是問卜者覺得現狀、周圍的反應差強人意，導致自己內心充滿不安（雲）。參考過去的經驗，她總是非常努力地（鞭子）設法炒熱場面。未來這名問卜者似乎會在眾人之間成為人氣王（月亮）。至於提示可從「樹木」牌得知一二，這張牌提供的建議是「只要成為鳥群願意駐足的樹木即可」。

解讀結果

勉強自己主動發言，似乎會造成自己的壓力。你應該要做的，是成為一個很好的聆聽者，只要讓對方能夠自在地與你聊天即可。最好還要學會如何讓對話更有深度的提問能力。

一般人都會希望別人對自己感興趣。當你願意聽別人說話，別人就會往你身邊靠近。而這些人總有一天，將會幫助你一展長才。

5 張解讀
（大藍圖牌陣練習）

這個5張解讀的牌陣，是用來精通大藍圖牌陣的練習。
大藍圖牌陣是所有牌陣之集大成，逐步增加雷諾曼卡的
數量好好提升占卜技巧吧！

❧ 擺牌方式 ❧

現在（理想）

過去　　主題牌　　未來

現在（真實想法）

巧妙解讀理想與真實想法

擺牌方式幾乎和p.120的「5張解讀」一模一樣，不過請將這次的
牌陣當作是最終應用在大藍圖牌陣的練習。以上圖為例，正中央
是主題牌，正上方則是當事人心中描繪的理想，其次在正下方代
表的是真實想法。

 ❧ POINT ❧

· 對於這個牌陣的解讀方式有了一定的概念之後，還能應用在傳統大藍圖牌陣當中，讓
你可以順利地解讀出牌義。
· 解讀圍繞在主題牌四周的牌，將上下的「理想與真實想法」、左右的「過去與未來」比
較一下，就會很容易掌握住整體的樣貌。

❧ 占卜步驟與解讀示範 ❧

Q 剛換工作，現在該如何在新公司大展身手？

問卜者：30 幾歲（男性）

（現在、理想）

【花束】

（過去）　　　　　　　（主題牌）　　　　　　（未來）

【十字架】　　　　【紳士】　　　　　【船】

（現在、真實想法）

【書本】

解　說

「花束」表示目前職場的狀態，由此可見大家都十分歡迎你。在過去的位置上出現了代表辛苦的「十字架」，所以可解讀成一分耕耘一分收穫，轉職會非常成功。位在腳下的「書本」牌所顯示的，則是本人尚未發揮出來的才能。在未來的位置上出現了「船」牌，因此換工作這件事會成為人生的轉振點，由此可見會一帆風順。

解讀結果

新公司的氣氛不但活潑，而且受到同事的歡迎。換工作這件事你完全不會後悔，不過往日種種實在是辛苦你了。顯示出你仍帶著些許的依依不捨及不安，但是總有一天你會明白，重新開始是正確的選擇。你尚未表現出來的優異才華，將會在這家公司受到認可，你將成為公司不可或缺的存在。看來會是一個充滿希望的美好開始。

9 張解讀

9 張解讀的牌陣須搭配縱軸與橫軸進行解讀，基本上可參考三卡組合的解讀方式，並可依時間順序掌握事情的發展。

❦ 擺牌方式 ❦

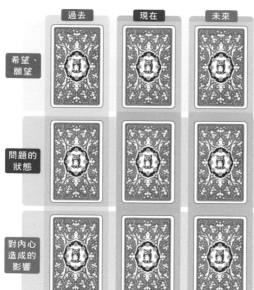

過去　　現在　　未來

希望、願望

問題的狀態

對內心造成的影響

從願望到內心深層，橫跨過去、現在、未來進行解讀

9 張解讀牌陣中的縱軸、橫軸各自有其意義，用三卡組合的概念來思考會更容易理解。橫軸上排為本人的希望、願望，中排為實際的狀態，至於下排則是這種狀態會對內心造成的影響，以及連本人也從未發覺的深層心理。此時再搭配表示過去、現在、未來這些時間軸的縱軸之後，就能加以解讀。

❦ POINT ❦

關鍵在於解讀出目前的煩惱以及問題的原因

這個牌陣最吸引人的地方，就是可以依照過去、現在、未來的時間排序解牌。尤其過去掌握著最主要的關鍵，從這部分就能了解是哪些主要原因及事情經過，造就了目前的狀態。

問題範例

· 考慮和男朋友結婚，但是彼此的感情在未來會變得更好嗎？
· 想以嚮往的工作為正職，現在差不多可以開始展開行動了嗎？
· 未來和父母的關係會變得如何？
· 想在工作上得到升遷機會，應該怎麼做才好？
· 公司派系林立，氣氛緊繃，我該怎麼做才好？
· 參加未婚聯誼會順利嗎？

❧ 占卜步驟 ❧

① 設定提問的內容。

② 從牌堆中抽出1張牌，並將剩下的牌洗好後整理成一個牌堆。接下來先將主題牌依照下圖（5）的位置擺好。

③ 剩下的牌從下圖（1）的位置依序擺好。

④ 第一步要按照時間順序縱向進行解讀。

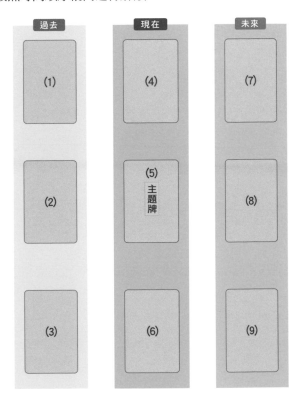

過去	現在	未來
(1)	(4)	(7)
(2)	(5) 主題牌	(8)
(3)	(6)	(9)

解 說

過去

先從過去開始看起，關鍵是要解讀出造成現在問題的原因，而不是草率解釋不久前的狀態。畢竟「過去發生的事情才會造就現在的結果」，應在解讀過程中找出原因。

現在

當主題牌是人物時，將會顯示這個人現在的想法如何，或是處於何種狀態之下；當主題牌為問題本身時，可以客觀掌握這個問題現在的狀況如何。

未來

表示今後會如何發展。以人物來說，可預見這個人的想法及心態；以問題來說，可預見事情的狀況將如何變化。除此之外，也會顯示出解決問題的提示。

⑤ 緊接著從橫軸上排進行解讀。

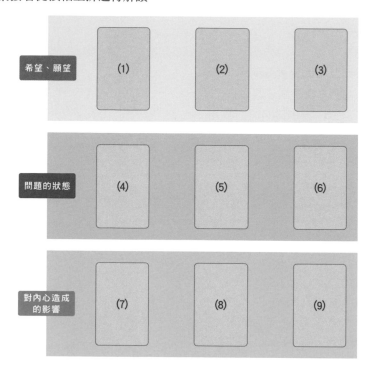

上排	中排	下排
代表淺層意識。諸如「希望對方這樣看自己」、「會有這種想法」的願望及理想，或是平時的想法等等，顯現出本人有自覺的淺層意識。	客觀表示目前懷抱的問題以及本人現在的狀態。除了會提示問題當下的狀態之外，還能了解本人對於這個問題的想法、感受以及應對方式等等。	表示深層心理。本人無法察覺的問題、心境、真實想法、潛藏在心底的真正希望，還有潛在的想法都會出現在這個地方。與中排對照之後，也能看看狀況與心境有無出入。

❧ 解讀的祕訣 ❧

重點在於不能將狀況與心境混為一談，須將橫軸的上排、中排、下排各自區分開來加以解讀，即可釐清關於自己的理想（上排）現狀是如何（中排），還有這部分會如何影響到潛意識及深層心理（下排）。另外在橫軸的部分，可試著寫成一段文字再進行解讀，有利於順利組織出牌義。

解讀示範①

Q　最近在自宅開設了拼布教室，但是想劃分出私領域和工作區，所以在外頭
　　租了一間教室，想知道未來教室會不會發展順利？

　　問卜者：40幾歲（女性）

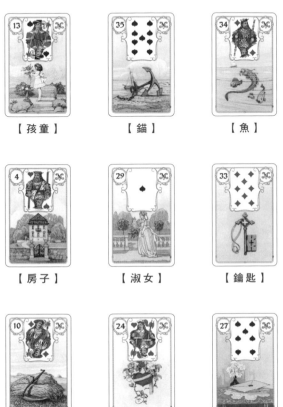

【孩童】	【錨】	【魚】
【房子】	【淑女】	【鑰匙】
【鐮刀】	【愛心】	【信件】

┃解讀步驟┃

①先大概掌握一下整體狀況

　　先看看整體的狀況，大概掌握一下牌陣的涵義。主題牌上方出現的是象徵工作的「錨」牌，所以現在本人很認真地投入工作，躍躍欲試的樣子。另外在過去的位置上出現了「鐮刀」這張負面牌，因此過去可能發生過某些矛盾。

②解讀縱軸左排（過去）

　　出現在過去的「孩童」牌，表示希望有新學員加入的心願。「房子」牌表示私人空間的自宅。「鐮刀」是負面牌，但是不需要無謂地恐慌，應作適度的解讀，這種時候是象徵「在外租借場地」的重大決定，另外有時也內含「將私人空間與工作場所區分開」的意思。

【孩童】

【房子】

【鐮刀】

③解讀縱軸中排（現在）

　　直接投射出本人的想法，所以在主題牌的正上方出現了代表工作的「錨」牌，可見是用認真的態度在經營拼布教室。另外在正下方的深層心理出現了熱情的「愛心」牌，可解讀成除了淺層意識之外，內心深處也十分熱愛工作且充滿幹勁。

【錨】

【淑女】

【愛心】

④解讀縱軸右排（未來）

　　上方的「魚」牌是在暗示學員增加，生意興隆。另外在顯示狀態的中排出現具有某些管理涵義的「鑰匙」牌，下排出現代表文件的「信件」牌，由此可見雷諾曼卡的建議是必須妥善管理與學員有關的文件或會計帳簿。

【魚】

【鑰匙】

【信件】

⑤解讀橫軸上排（希望、願望）

　　「孩童」牌代表新事物，「錨」牌代表能穩定心情的場所，這二張牌同時出現在願望的位置上，由此可解讀成對新環境充滿期待，或是下定決心想要重新開始。另外代表多產的「魚」牌搭配上「孩童」牌後，就是在傳達內心希望會有很多新學員報名的心願及理想。

【孩童】　　　　【錨】　　　　【魚】

⑥解讀橫軸中排（問題的狀態）

　　代表主題牌的「淑女」牌左右兩側，位在過去的是表示私領域的「房子」牌，在未來的位置上出現了代表管理的「鑰匙」牌。意指過去在自宅度過了大半時間，但是未來會在私人空間與工作場所使用不同的鑰匙，開始分別管理。

【房子】　　　　【淑女】　　　　【鑰匙】

⑦解讀橫軸下排（對內心造成的影響）

在代表深層心理的部分同時出現「鐮刀」牌與「愛心」牌，表示害怕內心受到傷害。搭配上表示情報的「信件」牌，可見問卜者很害怕自己會因為壞消息而受傷，想必是一直對差評及口碑感到惶惶不安。

【鐮刀】　　　【愛心】　　　【信件】

⑧比較上下排

雖然內心一直很希望教室可以再擴大、會有很多新學員報名課程，但是目前卻對無形的評價及口碑等耿耿於懷。在這樣的落差之下，過度努力擴張教室的結果，很快就會感到力不從心，筋疲力盡。

【孩童】　　　【錨】　　　【魚】

【鐮刀】　　　【愛心】　　　【信件】

解讀結果

將私領域與工作區分開來之後，應該就能讓工作有更進一步的發展。對工作充滿熱情繼續努力下去的話，學員就會增加，教室的經營也會步上軌道。只是過於在意評價及口碑的結果，恐怕會感到筋疲力盡。建議要用輕鬆的心情來面對，不要過度在意他人的眼光。另外當學員越來越多的時候，要相對細心地管理相關文件、經費及帳簿。

❧ 解讀示範② ❧

Q　最近住在一起的母親頻頻催我結婚，但是我目前沒有女朋友，也不會特別
　　急著想結婚，該怎麼做才能讓母親打消念頭呢？
　　問卜者：30幾歲（男性）

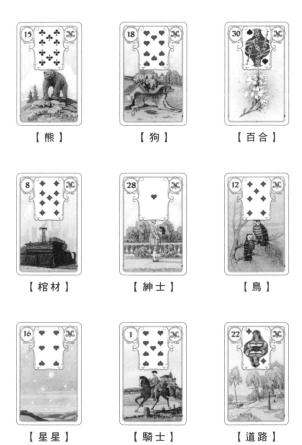

【熊】	【狗】	【百合】
【棺材】	【紳士】	【鳥】
【星星】	【騎士】	【道路】

解讀步驟

①先大概掌握一下整體狀況

　　這個問題的主要人物是母親，須留意代表她的「熊」牌出現在過去。現在占據本人思緒的則是代表朋友的「狗」牌，由此可見從過去到現在自己關心的人物已經改變。像這樣將注意力放在關注的人物已經變化的這件事情上，即可解讀出問題歷經了哪些過程。

②解讀縱軸左排（過去）

在過去的位置上出現了表示母親的「熊」牌與代表憧憬的「星星」牌，由此可見對本人來說雖有崇高的理想，但是就像封閉的「棺材」牌象徵的涵義，關於結婚這件事和母親之間並沒有達成共識。

【 熊 】

【 棺 材 】

【 星 星 】

③解讀縱軸中排（現在）

出現代表朋友的「狗」牌，顯示現在和一群朋友相處得十分愉快。此外表示邂逅的「騎士」牌出現在牌陣當中，可見也會因為朋友的關係而認識其他對象。

【 狗 】

【 紳 士 】

【 騎 士 】

④解讀縱軸右排（未來）

出現了象徵老後的「百合」牌。除了體諒母親很擔心自己的未來之外，最好也要和母親好好溝通（鳥），告訴她自己一直有在好好思考未來（道路）的事情。

【百合】

【鳥】

【道路】

⑤解讀橫軸上排（希望、願望）

內心似乎很希望母親「可以更加信任（狗）自己」。而「狗」牌也是朋友的象徵，對當事人來說朋友是最重要的人，表現出想要友誼長存的心願。另外代表老後的「百合」牌也出現在牌陣中，顯示已經做好充足的心理準備，會照顧母親的老年生活。

【熊】　　　　　【狗】　　　　　【百合】

⑥解讀橫軸中排（問題的狀態）

暗示著整個情況從過去到未來，已經由沉默不語（棺材）變成良好溝通（鳥）了。過去雖然沒有和母親進行充足的對話，但是未來應該能夠花時間好好聊聊。

【棺材】　　　　【紳士】　　　　【鳥】

⑦解讀橫軸下排（對內心造成的影響）

「星星」牌和「道路」牌表示對未來的希望。問卜者懷抱著崇高理想，當能符合條件的對象出現之後（騎士），似乎也會願意步入禮堂。

【星星】　　　【騎士】　　　【道路】

⑧比較上下排

本人一直有在考慮未來的事，內心深處非常希望能和符合個人理想的對象結婚（下排），似乎也想讓母親明白這一點（上排）。

【熊】　　　【狗】　　　【百合】

【星星】　　　【騎士】　　　【道路】

解讀結果

可解讀成並非抱持獨身主義，在深層心理計畫著，當理想對象一現身就會結婚；也一直有對未來的事情深思熟慮，目前在朋友的陪伴下，過著快樂的生活。這些事情並沒有讓母親知道，所以她才會擔心兒子的未來而囉嗦個不停。往後只要好好溝通讓母親放心，這個問題應該就能解決。

傳統大藍圖牌陣
5張解讀

大藍圖牌陣在法語意指「大型圖畫」，占卜時會將36張牌全部擺出來再進行解讀。可以了解與個人相關的所有事情，包含愛情、工作、財富、人際關係等等。

❦ 擺牌方式 ❦　　※ 實際上是所有的牌皆正面朝上。

※「淑女」、「紳士」、「愛心」為主題牌。P是表示建議的「提示牌」（將於p.138詳細說明）。

從「一張圖畫」中體察所有事情的精闢牌陣

大藍圖牌陣會使用到全部36張牌進行占卜，屬於雷諾曼卡的最終步驟。想知道的事情全部集結在大型圖畫當中，展開精闢的解讀，我十分期待本書讀者在最後學會大藍圖牌陣。本書會先為大家介紹運用5張解讀的牌陣，在主題牌的左側可以解讀過去，右側解讀未來，上側解讀理想，下側解讀真實想法。

❧ 占卜步驟 ❧

① 整理問題，選出代表本人的主題牌

整理提問內容，明確釐清這個牌陣的主角為何人之後，選出主題牌。如果想知道單戀的男性內心有何想法或是他的狀況時，即便問卜者為女性，還是可將單戀的男性視為主角選擇「紳士」牌（但是如果想知道的事情是「二人的未來」，主角就可以看作是問卜者本身）。所以第一步要明確釐清「想知道什麼人的哪些事情」。

② 選出代表提問內容或運勢的主題牌

設定的主題牌會成為解讀的關鍵，例如想知道正在交往的男朋友或男性友人的事情，就要選擇「紳士」牌，若想知道愛情運如何的話，就該選擇「愛心」牌。以下為大家介紹主題牌的範例。p.214～217也會詳細記載，大家不妨參考看看。

主題牌範例

依照想知道的運勢選擇時

【太陽】	【愛心】	【騎士】	【戒指】	【魚】	【錨】
〈綜合運勢〉	〈愛情運勢〉	〈邂逅運勢〉	〈結婚運勢〉	〈金錢運勢〉	〈工作運勢〉

③ 擺牌

牌洗好後整理成一個牌堆，請從左上開始往右擺好9張牌，並依照相同做法擺好4列的牌。

④ 確認本人牌與主題牌的位置和視線

確認一下選好的主題牌出現在本人牌周圍的哪個位置以及方向如何。人物牌則會因為正逆位的關係，導致視線方向改變，所以要特別留意。

另外當主題牌出現在距離人物牌3張牌以內的位置時，本書會視為「距離近」，超過3牌的話，本書則視為「距離遠」。

順便提醒一下，人物牌出現在四端時則具有下述涵義：

出現在上端時……期盼的事情並未脫離夢想或理想的範疇，目前尚未實現。
出現在下端時……有現實的考量，正在化為行動的狀態。偶爾應該回歸原點，重新檢視一下夢想。
出現在左端時……提示及關鍵不在過去，而在未來。別去回顧事情經過，應該著眼於未來。
出現在右端時……提示及關鍵不在未來，而在過去。與其思考接下來的事情，倒不如回顧過去會更好。

⑤解讀出現在本人牌和主題牌周圍的4張牌

在①、②選好的本人牌／主題牌，分別會被四張牌（上下左右）包圍，檢視這四張牌就能解讀出本人或在意的對象，以及想知道的主題在過去、現在或未來的狀況。

※將牌展開後，逆位牌不容易解讀的話，除了「紳士」、「淑女」、「雲」牌之外，其他牌都可以改回正位。

大藍圖牌陣解讀範例

包含本人牌／主題牌的5張解讀方式

⑥確認重疊的部分

逐一檢視⑤的本人牌／主題牌＋上下左右四張牌，當中若有重疊的部分須特別留意（譬如下圖中的「花束」與「百合」），是重要的建議，可以幫助找到用來解決問題或實現願望的關鍵。

※P為提示牌。

⑦檢查提示牌

前文提過，大藍圖牌陣意指「大型圖畫」。而所謂的提示牌，可以想像成將這張大型圖畫釘在牆上裝飾時，固定於四個角落的圖釘。提示牌等同於建議牌，這個角色非常重要。可以分開來單張解讀，也可以組合起來解讀。

「雲」牌延伸出來的各式解讀方式

和「紳士」、「淑女」牌一樣，「雲」牌也會採用逆位，藉此可以進一步縝密解讀。有些雷諾曼卡的雲明暗分明，有些並非如此，接著就來為大家說明不同類型的解讀方式。

1.雲有明暗分明的雷諾曼卡

比鄰的牌出現在白雲（明）那一邊的時候，代表問題正在解決當中；若出現在黑雲（暗）那一邊的話，表示問題會越來越嚴重。本書使用的「藍貓頭鷹雷諾曼卡」，「雲」牌明暗分明，所以可參考上述的解讀方式。

白雲
•接下來會雨過天晴
•好轉的徵兆

→

黑雲
•開始轉陰
•接下來會惡化
•負面涵義加劇

正位

黑雲
•開始轉陰
•接下來會惡化
•負面涵義加劇

←

白雲
•接下來會雨過天晴
•好轉的徵兆

逆位

2.雲沒有明暗分明的雷諾曼卡

雲沒有特別明暗之分的雷諾曼卡，可以只將「雲」牌解釋成暫時停止的牌義。另外最好還要採用下述正逆位的解釋：

● 正位……現在正在進行，只是不久後會烏雲密布而動彈不得。

● 逆位……目前是停止的狀態，不過不久後即會撥雲見日開始動起來。

解讀示範

Q　最近開始為人占卜，風評也不錯，如果想要更受到矚目的話，應該怎麼做才能比現在更受歡迎呢？

　　問卜者：30幾歲（女性）

※紅框的「淑女」與藍框的「月亮」為主題牌。

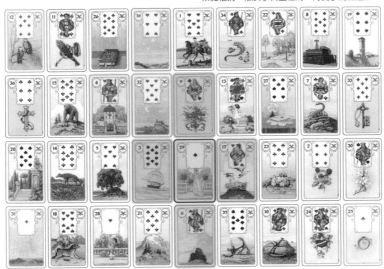

解　說

用象徵人氣的「月亮」作為主題牌。代表本人的「淑女」牌與「月亮」牌的位置很靠近，看來已經有一些人氣及知名度。只是「月亮」牌位在本人牌上方的那一排，所以想要往上爬。淑女凝視著「船」牌，而且「月亮」牌與「淑女」牌互相重疊的牌是「花束」與「船」，可見內心充滿向華麗世界挑戰的強烈欲望。現在的位置上出現了「雲」牌，看來是不知道具體的做法。「鸛鳥」牌顯示未來環境將會驟然轉變。過去的位置上出現了「房子」牌，由此可知過去都是在家裡專心研究占卜，但是改變這種環境的時候似乎已經來到。

解讀結果

出現在過去位置的「船」牌，表示以占卜師為職業後一帆風順的情形。提示牌為「塔」、「戒指」、「鳥」、「太陽」。代表人氣的「太陽」與代表建築物的「塔」，組合起來象徵占卜師所屬的演藝經紀公司或組織等等。只要加入這些公司，應該會越來越受歡迎。由於牌陣中出現了「鳥」牌，所以也建議要善用社群媒體或影片宣傳。在「月亮」牌未來的位置上出現了「花束」牌，想必未來可以登上華麗的舞台。

牌陣 11

傳統大藍圖牌陣
四元素

這個牌陣是在大藍圖牌陣的橫軸套用火、風、水、土四元素,解讀如何面對眾多登場人物的問題(占卜的主題事項)。

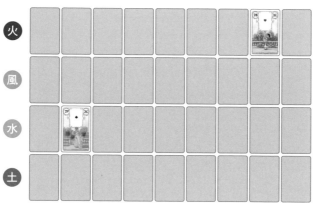

藉由四元素進一步突顯狀況

從上排依序劃分成火、風、水、土,當想要占卜的人物出現在那一排的時候,就會顯露出這個人對於該問題的想法及心態等等(各元素的代表涵義彙整於下述表格中)。以上圖為例為大家說明,由於「紳士」牌出現在火這一排,可見他對於主要問題非常熱情地全力投入。同理可證,因為「淑女」牌出現在水這一排,所以可解讀成她會親切對待相關人等,同時也較容易隨波逐流。

各元素在面對問題時展現出來的態度

火	風	水	土
・熱情	・理智	・情緒化	・現實
・活躍	・理論家	・被動的	・實際
・自我中心主義	・輕率	・容易隨波逐流	・穩定
・精力充沛	・思想分析	・共鳴	・冷靜沉著
・強迫	・自由	・體貼	・計畫

解讀示範

試著將大藍圖牌陣的5張解讀，搭配上四元素進行解讀。由於牌卡的數量眾多，一開始也許會搞不清楚解讀順序而感到不知所措，所以要按部就班逐一地仔細解讀。

Q 一年前開始和上司展開不倫戀，二人的關係可以繼續這樣下去嗎？今後會如何發展呢？
問卜者：A小姐（女性）

火
風
水
土

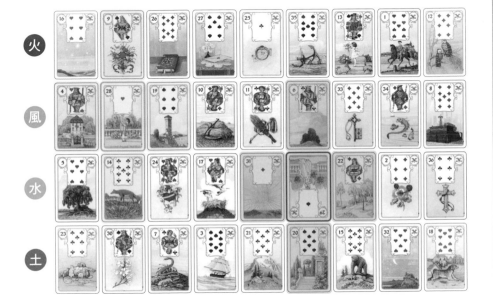

POINT

除了「紳士」、「淑女」、「雲」以外的牌都要擺回正位

還不熟悉大藍圖牌陣的時候，為了容易辨識，除了「紳士」、「淑女」、「雲」以外的牌，建議都要擺回正位。

主題牌

A小姐 ：「淑女」水那一排
男朋友 ：「紳士」風那一排

建議牌

提示牌：「星星」、「鳥」、「老鼠」、「狗」（5張牌的組合彼此沒有重疊）

①觀察代表Ａ小姐的「淑女」牌與代表男朋友的「紳士」牌

【紳士】　【淑女】
　↓　　　↓
　風　　　水

　　二人的牌出現的位置距離遙遠，而且Ａ小姐還背對著男朋友。「淑女」牌位在水這一排，「紳士」牌出現在風這一排，由於二張牌並不是出現在同一排，所以可解讀成二人對於這個問題的看法及心態出現落差。Ａ小姐總是十分情緒化，但是男朋友卻秉持著理性的態度。

②觀察本人（淑女）周圍的牌

【雲】

【太陽】　【淑女】　【道路】

【庭園】

　　在「淑女」左側出現「太陽」牌代表著過去，可見Ａ小姐過去對這段戀情用情頗深。但是在正上方卻出現了「雲」牌，搭配上表示Ａ小姐真實想法的「庭園」牌，可解讀成她「真的很期待在眾人面前光明正大地見面」，但是這樣的關係卻不被允許。

　　「雲」牌同時也是在表示，Ａ小姐對於必須掩人耳目約會一事感到不滿。右側的「道路」牌是在暗示未來，顯示她今後將被迫做出選擇。以位置來說，Ａ小姐是背對著男朋友，今後可能會選擇不同的生活方式。

③觀察「紳士」周圍的牌

【花束】

【房子】　【紳士】　【塔】

【狐狸】

　　代表男朋友的「紳士」牌正上方出現了「花束」牌，證明這段祕密戀情對他來說十分快樂，充滿喜悅。只不過在「紳士」牌背對的左側出現了「房子」牌，由此可知他是有家室的人。他打算將「房子」藏起來，簡直就像「狐狸」一樣取巧，只讓人看見開心（花束）的一面，一直以來都在裝模作樣，極力不讓Ａ小姐察覺妻小的存在。但是「房子」牌出現的位置，卻比代表Ａ小姐的「淑女」牌更靠近，所以明顯可知他並不打算與妻子離婚。在他視線的前方是代表這個世界的「塔」牌，可見他格外重視面子以及社會觀感。

④試著用不含四元素的方式進行解讀

過去Ａ小姐一直覺得和男朋友交往是無比幸福的事情，但是對於看不見未來的關係，似乎逐漸感到迷惘及不滿。尤其是必須掩人耳目見面這件事，她開始感到厭煩。下定決心的時刻即將來臨，到時就會和男朋友分道揚鑣。

⑤試著用內含四元素的方式進行解讀

Ａ小姐現在是感性勝過理性，似乎已經無法站在客觀的角度思考自己的未來。只要能試著稍微冷靜下來，應該就會明白為了自己最重要的未來，對方並不值得緊抓住不放。

⑥解讀提示牌

四端的提示牌代表對Ａ小姐的建議，也會顯示出必須留意的事項。可解讀出來的建議包含設定新目標（星星）、與能夠信賴的親朋好友一同度過（狗）、妥善蒐集情報（鳥）、珍惜生活避免造成自己的損失（老鼠）。

【星星】　【鳥】

【老鼠】　【狗】

解讀結果

不管男朋友和Ａ小姐在一起時有多快樂，他都不打算放棄家庭。再這樣和他繼續交往下去，應該很難擁有期盼的未來。對他的不滿更會貶低自我。其實妳可以有更好的發展。提起勇氣與他分手，和他分道揚鑣吧！珍惜時間與朋友及同好相處，妳的日子肯定會過得比現在更加精采。

傳統大藍圖牌陣
9 張解讀

（9 行 × 4 列）

牌陣12為 p.124 中9張解讀的應用篇，會將主題牌與相關的八張牌，合計共九張牌進行解讀。能夠更加詳細地了解登場人物以及在意的主題，會處於怎樣的狀況之下。

9張牌重疊的★是特別需要注意的牌（將於次頁詳細解說）。

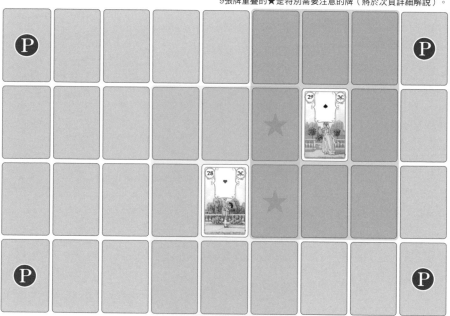

重疊的牌會傳達格外重要的訊息

請將注意力放在主題牌（本人牌）與其周邊共九張牌上。與單一牌陣的9張解讀一樣，在縱軸可解讀過去至未來的情況變化，在橫軸可解讀心境。另外若設定二張主題牌的時候，各自相關的牌會有重疊的情形，解讀時這些重疊的牌將會傳達給我們格外重要的訊息。提示牌也和往常一樣，解讀時要將這些牌視為建議牌。

解讀前的注意事項

①本人牌出現的位置

一開始一定要將問卜者的本人牌找出來,確實掌握。

②本人牌與主題牌的距離及視線方向

好好確認本人牌與主題牌距離幾張牌,以及本人牌是否看向主題牌(如下圖所示,人物之間也可從視線的方向解讀出彼此的親密度)。

③本人牌與主題牌出現在哪一排?

除了要知道位在四元素的哪一排之外,還要確認上下是否距離過遠。

④本人牌的周圍出現哪些牌?

確認一下本人牌周邊的八張牌。與此同時還要掌握本人牌視線的前方是哪一張牌。

⑤主題牌的周圍出現哪些牌?

確認一下主題牌周圍的牌。當主題牌為人物的時候,與本人牌一樣,也要確認主題牌視線的前方是哪一張牌。

⑥建議牌

確認一下作為建議牌的提示牌。除此之外,當本人牌與主題牌的九張牌重疊時,這些牌也請視為建議牌。下圖除了提示牌之外,重疊有★符號的牌就是建議牌。

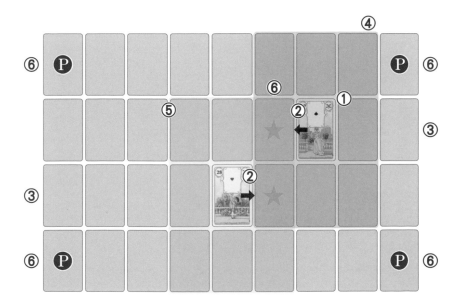

解讀示範

Q 正在交往的男朋友前陣子調職，目前遠距離戀愛中，很擔心他會不會劈腿，不知道自己和他今後的發展如何？

問卜者：B小姐（女性）

本人牌	B小姐：「淑女」（水那一排） 男朋友：「紳士」（風那一排）
建議牌	提示牌：「鑰匙」、「雲」、「百合」、「月亮」 相互重疊的牌：「紳士」、「愛心」、「錨」、「淑女」

解說①

●大藍圖牌陣9張解讀（縱軸3張）的情況下
①確認二張人物牌的位置與方向

留意「淑女」牌與「紳士」牌的距離並不遠，而且二張牌是彼此面對面。

【紳士】　　【淑女】

②解讀圍繞「淑女」牌的9張牌

　　正中央的縱軸表示B小姐現在的狀態及心情。因為出現了「愛心」牌，可見B小姐深愛著男朋友，但在內心深處卻出現了「蛇」牌，由此可知B小姐太愛男朋友了，才會越來越不安及執著。

　　在過去的位置上出現了「紳士」、「錨」、「山」。而B小姐的視線前方是代表工作的「錨」，所以似乎十分體諒遠距離戀愛是為了男朋友的工作著想。未來的位置上出現了「太陽」、「騎士」、「孩童」，這是表示將會有某些令人開心的消息從天而降，將會有一個新的開始。

【紳士】　【愛心】　【太陽】

【錨】　【淑女】　【騎士】

【山】　【蛇】　【孩童】

③解讀圍繞「紳士」牌的9張牌

　　代表男朋友現狀的縱軸上出現了「幸運草」和「錨」，顯見他覺得很開心並且樂在工作的樣子。而且在過去的位置上出現了「船」、「房子」、「道路」，由此可解讀成離開故鄉，一個人果敢地開創道路的模樣。

　　表示未來的牌為「樹木」、「愛心」、「淑女」。男朋友的心裡深愛著B小姐，似乎一直很希望二人的關係能夠更進一步。所以他心中認為，為了和B小姐擁有美好的未來，現在得好好打拼才行。

【船】　【幸運草】　【樹木】

【房子】　【紳士】　【愛心】

【道路】　【錨】　【淑女】

④解讀9張牌的組合彼此重疊的牌

　　重疊的牌有「淑女」、「紳士」、「愛心」、「錨」這四張牌。雙方的人物牌都出現了，單刀直入地訴說著二人的故事。表示愛情的「愛心」被「錨」固定住，由此可知B小姐與男朋友十分緊密地連結在一起，二人的愛情不會動搖。

【紳士】

【愛心】

⬇

　　表示嫉妒及不安的「蛇」牌，似乎是B小姐無法完全信任男朋友，自行衍生出來的心結。

【錨】

【淑女】

⬆

【蛇】

⑤解讀提示牌

　　提示牌為「鑰匙」、「雲」、「百合」、「月亮」。「百合」代表坦率的心情，可解讀成建議B小姐不要抱持疑心，應該摒除雜念相信對方。另外當不安的情緒高漲時，會完全掩蓋（雲）住事實，因此B小姐也可以從提示牌獲得忠告，尤其應避免在晚上（月亮）想事情。這個問題的關鍵（鑰匙），在於接受（月亮）、相信（百合）、不要抱持懷疑（雲），B小姐必須用全心全意的愛面對男朋友。

【鑰匙】

【雲】

【百合】

【月亮】

解讀結果

過去男朋友一直很勇敢地開創自己的道路，對於這次調職也是充滿幹勁。他十分深愛著B小姐，為了二人的未來想要更加努力。所以B小姐別再懷疑男朋友，用全心全意的愛去相信他吧！

●大藍圖牌陣9張解讀（縱軸3張、橫軸3張解讀）的情況下

即便是相同的諮詢內容，藉由九張牌的縱軸三張牌加上橫軸三張牌進行解讀，就能將登場人物的心理狀態突顯出來，進一步展開深入的解讀（提示牌的部分完全相同）。

淑女

①解讀橫軸上排（希望、願望）

顯示出Ｂ小姐熱烈的愛意，希望男朋友多愛自己一些，想讓男朋友知道自己有多愛他。就像「太陽」一樣，強烈希望二人的關係能有進一步的發展。

【紳士】　【愛心】　【太陽】

②解讀橫軸中排（問題的狀態）

「錨」位在男朋友（紳士）的下方，顯見Ｂ小姐覺得很寂寞，因為「男朋友總是在聊工作（錨）的事」。而在「紳士」牌這邊的九張牌則顯示，男朋友樂在工作無法自拔的樣子，和Ｂ小姐產生了連鎖反應。

【錨】　【淑女】　【騎士】

③解讀橫軸下排（對內心造成的影響）

　　高聳的「山」表示無法輕易和男朋友見面的辛酸，這也導致小事情（孩童）就會造成不安（蛇）。

【山】　　　【蛇】　　　【孩童】

紳士

①解讀橫軸上排（希望、願望）

　　代表內心在向新環境挑戰（船）、想要功成名就（幸運草），以及希望自己更加成長（樹木）的企圖心。表達出欲望高漲與滿心期待的狀態，就像要往大海揚帆而去一樣。

【船】　　【幸運草】　【樹木】

②解讀橫軸中排（問題的狀態）

　　「房子」與「愛心」代表的是親情。傳達出很想與B小姐共組家庭，希望能建立一個充滿愛的家庭。應該是有想到和B小姐結婚，成為一家人的事情。

【房子】　　【紳士】　　【愛心】

③解讀橫軸下排（對內心造成的影響）

　　代表B小姐的「淑女」牌與代表工作的「錨」牌，加上被迫做出選擇的「道路」牌同時出現了，突顯出在男朋友的深層心理想要同時擁有的心情。B小姐與工作，對他而言應該都是同等重要。

【道路】　　【錨】　　【淑女】

解讀結果

　　雖然B小姐十分諒解男朋友是為了工作，但是心裡還是會因為遠距離戀愛而感到寂寞與不安。但是男朋友是真心愛著B小姐，似乎也有在思考未來的事情，所以B小姐完全沒必要擔心。從出現「百合」牌這點來看，可以全心全意地愛男朋友。

傳統大藍圖牌陣 標記牌解讀

（8 行×4 列、標記牌 4 張）

對照圖畫上附屬的小標記牌，解讀這四張牌了解其涵義，即可掌握占卜問題的核心及主旨。這四張牌會告訴我們難以捉摸的事情本質，就像知道主題之後才終於能理解一幅畫的涵義一樣。

 擺牌方式

※ 下排 4 張牌為標記牌。

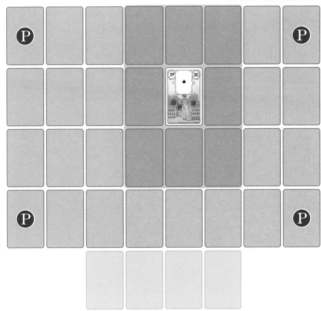

解讀畫作說明釐清涵義

通常貼在展示畫作下方的小卡片，稱之為「畫作說明」，內含作品名稱、標題、背景等等的說明。而列出這些說明的卡片，則叫作「標記牌」。這個牌陣會將雷諾曼卡擺成8行×4列，接著再將出現在最底下的四張牌當作該牌陣的標記牌。4張標記牌會出現當下占卜主題的本質，以及不可不知的訊息，所以要特別留意。

Q 公司的女同事對我十分冷淡，經常無視我的存在，令人十分傷腦筋。每次
上班就會讓我感到很憂鬱，我該如何改善呢？

問卜者：C小姐（女性）

本人牌

C小姐：「淑女」；女同事：「狗」

標記牌

「塔」、「鞭子」、「百合」、「老鼠」

提示牌

「愛心」、「船」、「鐮刀」、「戒指」

相互重疊的牌

「熊」、「信件」

解說

①解讀二人之間的關係

「淑女」牌位在從上方數下來第三排的水這一
排，另外女同事則是位在從上方數下來第四排的土
這一排。「淑女」牌為逆位，並沒有與「狗」牌相
互對看。

【狗】　　【淑女】

②解讀標記牌

　　透過四張標記牌，釐清本次解讀的主題及本質。可見在公司（塔）遇到麻煩事（鞭子），不得不忍氣吞聲的樣子（百合、老鼠）。因為職場問題感到很痛苦，就會成為這次解讀的主要議題。

【 塔 】

【 鞭子 】

【 百合 】

【 老鼠 】

③針對C小姐本人進行解讀

過去

　　上司也很清楚C小姐為了考取證照、提升技能，十分努力地用功讀書（書本、信件）。C小姐似乎也曾經在私底下（書本），找這名上司談過自己和這名有問題的女同事之間的關係。

現在

　　可看出自己（淑女）竭盡所能主動溝通（鳥），努力想要打好關係的樣子。

未來

　　在未來的位置上出現了代表工作的「錨」、象徵移動及變化的「鶴鳥」、表示喜悅的「花束」。在工作上似乎會發生升遷這類令人開心的事情。

過去	現在	未來
【 書本 】	【 鳥 】	【 花束 】
【 信件 】	【 淑女 】	【 錨 】
【 熊 】	【 道路 】	【 鶴鳥 】

④針對女同事進行解讀

過去

　　在女同事過去的位置上出現了「星星」和「棺材」(「棺材」牌下方沒有牌，所以僅解讀二張牌)。顯示失去希望，提不起勁的狀態。

現在

　　現狀(雲)是看不清自己(狗)在公司(塔)裡的地位。

未來

　　大概會受到上司(熊)的斥責(鞭子)。對她而言，也許是嚴厲的內部警告或通知(信件)。

過去	現在	未來
【星星】	【雲】	【信件】
【棺材】	【狗】	【熊】
	【塔】	【鞭子】

⑤解讀重疊的牌

　　在雙方的九張牌當中，重疊的牌有「熊」與「信件」。牌義是在表達上司(熊)做了某些溝通(信件)之後，解決了C小姐的煩惱。

【信件】

【熊】

下排四張牌與畫作的標籤
十分類似，因此才被稱之為
「標記牌解讀」！

⑥解讀提示牌

提示牌有「愛心」、「船」、「鐮刀」、「戒指」。「船」與「戒指」牌是在告訴C小姐，她必須在自己的工作上求進步，不需要煩惱與女同事之間的關係。因為不管自己再努力，還是會遇到難相處的人。解讀出來的訊息就是不必理會這名女同事（愛心、鐮刀），應該去和能讓自己勇往直前，對自己有幫助的人（船、愛心）結緣。

【愛心】

【船】

【鐮刀】

【戒指】

解讀結果

解讀顯示女同事狀況的9張牌之後，發現她自己會和C小姐作比較，因此感到自卑。她會對C小姐很不客氣，也是因為自卑感作祟的關係。先前C小姐一直很努力地想要改善與女同事之間的關係，但是牌義卻顯示，就算她再努力，對方也不會理解C小姐的用心。最近女同事會因為某些事情遭上司斥責，或是受到意想不到的內部警告，也許會讓C小姐的煩惱獲得解決，請全心全力做好自己應該做的事情就好。

POINT

「這時候該怎麼做？」的解方

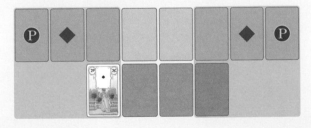

有時候本人牌也會出現在標記牌的位置，此時請直接進行解讀即可。另外若是像上圖這樣，在◆的部分出現人物牌或主題牌的話，下排就不會有牌，所以只能從出現的牌進行解讀。當人物牌出現在提示牌的位置時，意味著這個人的行動將成為關鍵。

宮位大藍圖牌陣
（9 行×4 列）

36 個宮位的用意，是為了和每張牌產生連結。因此宮位大藍圖牌陣可從該宮位上出現的牌，解讀出所有的運勢，可以一次了解各種事情。

36個宮位的位置與意義

1 騎士 消息	2 幸運草 幸運	3 船 旅行	4 房子 家庭	5 樹木 健康	6 雲 止步	7 蛇 敵人	8 棺材 終了	9 花束 禮物
10 鐮刀 決斷	11 鞭子 壓力	12 鳥 對話	13 孩童 孩子、重新	14 狐狸 策略	15 熊 權力	16 星星 希望、心願	17 鸛鳥 移動、變化	18 狗 友情、信賴
19 塔 公共	20 庭園 交流	21 山 障礙	22 道路 選擇	23 老鼠 損失	24 愛心 愛情	25 戒指 約定	26 書本 知識	27 信件 情報
28 紳士 本人	29 淑女 本人	30 百合 性	31 太陽 成功	32 月亮 人氣	33 鑰匙 解決方法	34 魚 金錢	35 錨 工作	36 十字架 宿命

留意宮位上的牌即可掌握想知道的內容

所謂的「宮位」，類似雷諾曼卡歸屬的房子。合計36宮位皆有其各自的定位，和每張牌連動後具有不同的涵義（上圖）。所以宮位加上出現的牌，就能解讀出想要知道的內容。例如左上方1號的「騎士」是意指消息的宮位。正在等候某些消息的人，參考擺在1號位置的牌，就能解讀出最近會不會有好消息上門，或是會收到怎樣的消息。

POINT

・不解讀提示牌
・「紳士」、「淑女」、「雲」牌也不會採用正逆位
・不採用火風水土四元素

❖ 解讀步驟與解讀示範 ❖

Q 想知道這個月的工作運和財運，另外還想知道會不會認識今後可能發展成
女朋友的女性。 問卜者：D先生（男性）

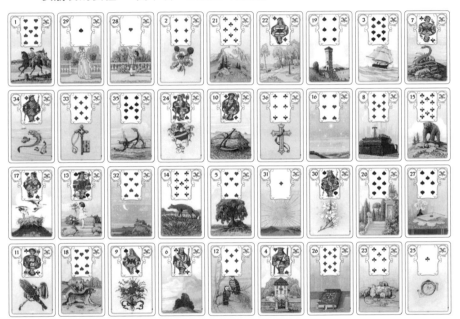

解 說

解讀位在宮位上的牌

　　牌洗好後，從左上方開始依序將36張牌擺好。接下來想知道什麼事情，便檢視該宮
位上出現的牌。在這裡會依照下列順序，逐一解讀5個宮位。

①在「紳士」的宮位上檢視基本運勢
②在「錨」的宮位上檢視工作運
③在「魚」的宮位上檢視財運
④在「騎士」的宮位上檢視認識異性的機會
⑤檢視「紳士」牌出現的宮位，獲得建議

①檢視基本的運勢

28「紳士」的宮位會顯示本人（男性）的基本運勢，在這裡出現了「鞭子」牌。暗示這個月可能會充滿壓力，就像鞭子打在身心上一樣。

【鞭子】

②檢視工作運

35「錨」的宮位會顯示關於工作運的內容，結果出現了「老鼠」牌。預料會發生粗心大意的疏失，應該要謹慎處理工作上的事。

【老鼠】

③檢視財運

34「魚」的宮位可解讀關於財運的部分，這裡出現的是「書本」牌，可解讀成記錄金錢相關事宜的帳簿。這是在建議各項收支應仔細記載於帳簿上，好好掌握金流。

【書本】

④檢視認識異性的機會

1「騎士」的宮位會告訴我們認識異性的機會。在這個地方出現了「騎士」牌，因此可以好好期待認識的異性可能會發展成女朋友。像這樣宮位與牌卡一致的時候，請解讀成在這個時期格外受到重視的主題或事情。

【騎士】

⬇

愛情運要查看愛心的宮位

在④提到會有認識異性的機會，為了把握良機，再來看看愛情運如何。24的「愛心」宮位會說明愛情運的部分，在這個位置上出現了最強的「太陽」牌，可見愛情運也是狀態絕佳。建議要積極行動，才能認識很好的對象。

【太陽】

⑤檢視「紳士」牌出現的宮位

　　從代表本人的「紳士」牌所出現的宮位，可以得到全面性的建議。由於「紳士」牌是出現在3「船」的宮位，顯見這個月最重要的就是凡事都要勇於挑戰。另外這個月也是容易壓力很大的時期，不妨出遠門走走，或許可以讓心情變好。

【紳士】

解讀結果

工作上粗心大意的疏失很多，這一個月壓力似乎會很大。由於出現了「老鼠」牌，所以要特別留意，否則不小心就會出錯。最好要充分休息，沉著冷靜地投入工作當中，也建議出遠門走走，轉換一下心情。這段時期可能會手忙腳亂，但在金錢方面還是要謹慎管理。另外關於愛情運的部分，在「愛心」的宮位上出現了「太陽」牌，所以會達到最高潮，似乎會認識不錯的對象，未來會有所發展。從「騎士」的宮位與「騎士」牌，也可解讀成「認識異性」是D先生這個月最具象徵性的事情。這段時間會很積極地尋找對象，也十分有機會認識很好的人。雖然生活忙碌，卻能妥善規畫時間，並且要充滿自信地出門走走。

登峰牌陣
（獨創牌陣）

登峰牌陣在一個人充滿上進心及挑戰心，「想要更往上爬」、「希望技能提升」的時候，將能派上用場。這是在本書首次公開，作者櫻野KAREN的獨創牌陣。

❦ 擺牌方式 ❦

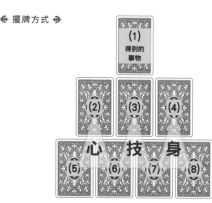

心技身極度平衡登上頂點！

我設計的這個登峰牌陣，可為經常懷抱崇高目標、充滿挑戰精神的人解讀運勢。從心技身這三個觀點進行解讀，了解一個人在求進步、想要自我提升時該怎麼做。不久之後當你登上頂點時，你會見到哪些景色呢？這個牌陣絕對會讓你對至今夢想的未來充滿期待。

POINT

釐清必須磨練的要素！

想讓內心變得堅不可摧必須怎麼做、必須鑽研哪些技能本領，以及必須留意的健康問題等等，這個牌陣都會明確提示並提出建議，讓我們針對心、技、身進行調整，加以磨練。唯有心、技、身能達到平衡，才能更上一層樓。透過這個牌陣努力地自我改造和提升，才能讓自己「登峰造極」。

問題範例

・我的課題是什麼？
・我現在必須克服什麼？
・妨礙我的事情有哪些？
・想在工作上一路晉升可以提供哪些建議？
・想要繼續進步可以提供哪些建議？

POINT

・重疊的牌意思相同可以不必解讀。
・頂峰視為想要得到的事物，尤其必須正向解讀。
・參考p.114的三卡組合占卜步驟。

占卜步驟與解讀示範

① 設定提問的內容。
② 洗完牌後整理成一個牌堆，隨意抽出8張牌。
③ 參考左頁的圖示，從⑴開始依序擺牌。 從⑴開始逐一解讀。

①確認牌⑴「得到的事物」

表示心技身分別登峰造極後會得到的事物、從頂峰看見的景色。好好看看自我鍛鍊之後，未來眼前會呈現出怎樣的光景。

②確認⑵⑸⑹的「心」牌

這三張牌會告訴我們，想要磨練心志讓自己更堅強必須怎麼做。

③確認⑶⑹⑺的「技」牌

這三張牌會告訴我們必須學會的技能、應該鑽研的技術，或是理當學習的事物等等。

④確認⑷⑺⑻的「身」牌

這三張牌會告訴我們，必須做哪些事情才能擁有健康的身體。

ADVICE　分別出現在心技身不同位置的牌，可以單一牌陣解讀，也可以組合起來解讀。例如應該克服的課題、必須跨越的瓶頸、值得全力完成的目標，可以從這些角度加以解讀。雷諾曼卡多數都會以正向的觀點進行解讀，但是用這個牌陣占卜時，卻會接收到「不可以怎麼做」或是「必須怎麼做」的強勢建議，大家也可以參考看看。察覺自己必須克服的弱點，肯定能讓自己振奮起來。

Q 請教教我該怎麼做才能在工作上更進一步？

　問卜者：D先生（男性）

解　說

①解讀3張代表「心」的牌

　　「孩童」牌代表初衷，「花束」牌代表對周遭眾人的感謝，「月亮」牌代表行善或支援。顯示問卜者即便經驗豐富也未忘初衷，並指出持續感激一直在支持自己的人是非常重要的事情。此外主動幫助（月亮）新人或是經驗尚淺的人（孩童），似乎也很重要。

【孩童】

【花束】　　　【月亮】

②解讀3張代表「技」的牌

【雲】

　　出現了象徵危險氣氛以及問題的「雲」牌，還有代表直覺的「月亮」牌、表示障礙及不景氣的「山」牌。總而言之目前D先生需要的是察覺現場氣氛的能力，培養出能敏銳察覺狀況的能力，才能早一步回避危險。另外也可以解讀成是在建議D先生不要魯莽行事，譬如千萬別在天氣詭變或大半夜去爬山。這張牌在提醒行事要謹慎，不能不顧危險，應當踏實工作。

【月亮】

【山】

③解讀3張代表「身」的牌

【棺材】

　　「棺材」牌是凡事停止的信號。牌陣中出現了表示忍耐的「山」牌與表示健康的「樹木」牌，所以在D先生的健康方面似乎潛藏著令人擔心的狀況。也許是工作時會不知不覺拼命過頭，疏於關心自己的身體，所以千萬不能勉強自己或是過度自信。這張牌就是在告訴D先生要充分休息，好好保養身體。

【山】

【樹木】

④解讀調整心技身後就能擁有的事物

【船】

　　D先生參考上述建議磨練心技身後，在未來等待著他的就是「船」牌。讓自己煥然一新之後，起程的機會即會來到，應該可以在新領域擁有蓬勃發展的未來。

解讀結果

勿忘隨時保持謙虛與感恩的心，鍛練察覺狀況的能力以回避危險，還有必須充分留意過勞的問題，切記要好好休養。這些建議落實之後，未來一定能迎來歡欣鼓舞的起程時刻。

雙十字牌陣
（獨創牌陣）

雙十字牌陣可占卜特定人物的心情，甚至會突顯出對方隱藏的想法，所以不僅是愛情，也適用於親子及職場上的所有人際關係。這個牌陣也是本書首次公開，櫻野KAREN的自創牌陣。

※本人（女性）占卜在意的男性心情如何的時候。

(7) 對淑女的願望及理想

(8) 對紳士的願望及理想

(3) 過去二人的關係

(2) 對方

(5) 二人重視的事情

(6) 二人重視的事情

(1) 本人

(4) 今後二人的關係

(9) 對方的心情

(11) 本人的心情

(10) 對方的心情

(12) 本人的心情

突顯出對方隱藏的真實想法與改善對策

除了二人過去與今後的關係，這個牌陣還會顯示出對方隱藏起來的真實想法，以及必須怎麼做才能進一步建立良好的關係。可以用來占卜各式各樣的對象，包含想要拉近距離的人，或是反過來感覺「合不來」的人等等。

POINT

想像比鄰的兩個人再進行解讀

一面想像著兩個人在彼此身邊，一面觀察雷諾曼卡，這樣才容易更具體地掌握牌義。

問題範例

・因為小事和好朋友發生不愉快，不知道對方現在心情如何？
・不知道單戀的對象覺得自己怎麼樣？
・不知道男朋友如何看待我和他的未來？
・不知道上司對自己的評價如何？
・擔心婆婆會不會覺得我做得不夠好？

占卜步驟

① 設定提問的內容。

② 選出代表本人與對方的主題牌。本人若為女性而選擇「淑女」牌的話，對方牌可以選擇「紳士」牌代表男朋友、男性伴侶、男性友人，或是選擇「狗」牌代表女性友人，如果是女性對手便選擇「蛇」牌。

③ 剩下的牌洗好後整理成一個牌堆。

④ 先將事先選好的本人牌和對方牌擺在(1)(2)的位置。隨後從③整理好的牌堆中隨意抽牌，接下來的牌也要依編號順序陸續擺好。

⑤ 掌握重點並逐一解讀。

①在(3)(4)查看二人在過去與未來的關係

左側的牌表示過去，右側的牌表示未來，這部分和其他牌陣相同。(3)代表二人過去的狀況，(4)代表二人未來的狀況，相互比較就能解讀二人的關係出現怎樣的變化。

(3)　　　　　　　　(4)

過去二人的關係　　　未來二人的關係
是怎樣？　　　　　　會怎樣？

②從(5)(6)解讀對二人來說重要的事情

觀察本人牌(1)與主題牌(2)之間出現的(5)(6)這二張牌，就能明顯看出對二人來說重要的事物為何。請將這二張牌組合起來解讀，即可看出二人應該共享的事物，或是不足的部分以及必須克服的事情。

出現正面牌的時候，應接受這些訊息，這會促進二人進一步深入、共享這些要素，進而有所成長；出現負面牌的時候，請當作這是在要求二人要克服這些課題，互助互補。

(2)　　　　(5)　　　　(6)　　　　(1)

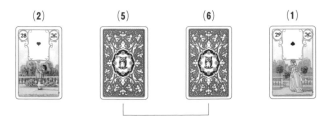

釐清對二人來說重要的事情、不足的部分、必須克服的事情、理應共享的事物

③從(7)(8)解讀每個人的理想

　　出現在本人牌和對方牌正上方的(7)(8)，代表每個人物對於對方所懷抱的理想及願望。可以解讀出「希望對方這麼做」的心願，或是「想要彼此這般發展」的心情。

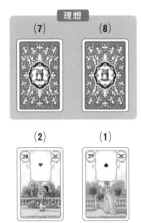

④從(9)(10)(11)(12)解讀每個人的真實想法

　　出現在本人牌和對方牌正下方的(9)(10)(11)(12)，代表對於彼此的心情。這裡會展現出無法說出口的真實想法，以及深藏在心裡的想法。重點在於不只是對方的深層心理，還能闡明自己內心的真實想法。察覺深藏在自己心裡從不知道的想法，也許會成為二人邁向美好未來的關鍵點。

　　解讀時須盡可能將(9)(10)、(11)(12)組合起來解讀。難以組合起來解讀的時候，也可以將每張牌分開來解讀。

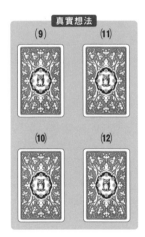

❖ 解讀示範 ❖

Q　和男朋友交往很久，但是最近感覺對方有些冷淡。剛開始交往時，對方三
　　不五時就會送禮物給自己，最近卻很少這麼做。該不會是對我膩了吧？ 很
　　想知道他心裡是怎麼想的。

　　問卜者：E小姐（女性）

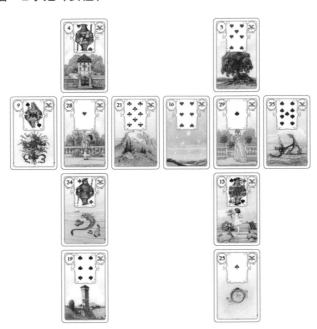

┃　解　說　┃

①解讀二人過去的狀況

　　表示二人過去狀態的牌，出現了「花束」牌。「花束」牌也
有禮物的涵義，所以可解讀成過去二人經常互贈禮物。

【花束】

②解讀二人今後的狀況

　　固定船隻的「錨」牌，是穩定的象徵。可見接下來二人會
建立起穩定的關係。

【錨】

③解讀男朋友對E小姐的理想、願望

　　牌陣中內含「房子」牌，意指具有安心感以及讓人放心的
場所，也有家的意思。男朋友似乎是希望E小姐可以時時刻刻
關心自己、接受自己，就像一個能讓心情放鬆下來的家一樣。

【房子】

④解讀男朋友的心情、真實想法

　　「魚」牌象徵金錢。此時搭配上象徵累積、管理的「塔」
牌之後，表示男朋友真心想要「為了將來好好存錢，著手財富
管理」。不像過去那樣頻繁送禮，似乎就是因為這個原因。

【魚】

【塔】

⑤解讀本人的理想、願望

　　在E小姐正上方出現的是枝繁葉茂的「樹木」牌。表示內
心希望二人的關係能有進一步的發展，並且期盼男朋友更加進
步，變得更成熟。

【樹木】

⑥解讀本人的心情、真實想法

　　在E小姐正下方出現的是「孩子」牌、「戒指」牌。她沒
忘記剛開始交往時的初衷（孩童），過去彼此想用禮物（戒指）
證明愛情的記憶深深烙印在她心裡，也映照出她內心潛藏著想
讓男朋友照顧，希望對方呵護（孩童）的心願。

【孩童】

【戒指】

⑦解讀二人重視的事情

【山】　【星星】

　　在二人之間出現了「山」牌、「星星」牌。「山」牌表示必須克服的考驗以及未來要走的路,「星星」牌表示往後的願景及目標。顯見男朋友很認真地考慮和E小姐的未來,正因為如此才會對財富管理十分用心。只是看樣子還沒有將這件事告訴E小姐。告訴彼此共同的目標(星星)同時攜手向前進(山),二人的關係才會有進一步的發展,所以二人最好要找機會好好聊一聊。

解讀結果

最近男朋友變得很少送禮物的原因,並不是沒那麼愛妳了,而是因為他很認真地在思考二人長遠的未來。只是看樣子還沒有告訴妳他有這樣的想法。二人不妨找機會,好好地聊一聊。彼此擁有共同的目標,二人的感情才會比以往更加緊密相連。

Column 3

雷諾曼卡其實起源自咖啡渣占卜

大家知道雷諾曼卡其實起源自「咖啡渣占卜」嗎？

土耳其有一種文化，會在喝完咖啡之後，觀察留在杯中的咖啡渣圖案占卜運勢。這種「咖啡渣占卜」在18世紀左右傳入歐洲之後，瞬間造成大流行，在西方諸國的許多社交場合十分受到歡迎。

從一杯咖啡解讀未來及運勢的浪漫情懷，加上能和在場賓客熱鬧同歡，正是咖啡渣占卜的魅力所在，缺點則是必須將咖啡喝完才能進行占卜。因此才會在1976年誕生由32張牌組成的咖啡占卜卡。利用畫上咖啡渣圖案的咖啡占卜卡，就可以不必將咖啡喝完，也能用來占卜運勢。同年推出上市的另一款咖啡占卜卡，稱作「德國娛樂」，也叫作「咖啡包」，現今仍收藏於大英博物館內（從大英博物館官方網站即可閱覽）。

咖啡占卜卡與雷諾曼卡同樣都是近年來相當受歡迎的牌卡，有興趣的人可以買來占卜看看。

Chapter 3

解讀實踐篇

作者將針對所有的煩惱及問題，
說明解讀的結果。不僅能參考實際案例
學習專業占卜手法，還會為大家介紹能
讓解讀能力提升的方法。

將當天發生的事置換成雷諾曼卡，藉此提升解讀力

　　雖然對每張雷諾曼卡的牌義以及基本占卜方式，已經有某種程度的了解了，但是真的試著解讀之後，好像還是提不出什麼結論……。尤其是初學者，經常會向我諮詢這方面的問題。

　　這可能是因為你還無法將雷諾曼卡的涵義及關鍵詞，與實際生活產生連結。接下來要介紹的「雷諾曼卡日記」，是我在主持「雷諾曼卡入門講座」時，每次都會推薦給學員的訓練方法。這個方法就是要聯想哪一張牌可以象徵當天發生的事情，再套用上去。不斷地練習這個訓練方法，將牌義對應到現實事件上的技巧便會進步，解讀能力就會提升。

步驟

①將今天一整天發生的事情寫在筆記上

用寫日記的感覺，回顧今天一整日，將發生的事情逐一寫在筆記上。內容不限，想寫什麼便自由地寫下來。

範例

日期　2022年　2月 15 日（二）

一早就噴嚏打個不停。看到花粉開始紛飛的新聞後，

試著服了藥，結果因為副作用的關係整個人昏昏沉沉，

工作接連出錯。果然還是得來試試中藥才行。

希望能找到不錯的中醫診所……

②用最適合的雷諾曼卡套用在每一件事情上

建議在文章寫好之後，用螢光筆在關鍵詞的單字或短句上畫線突顯出來。接著要想想看符合這些字句的是哪一張牌。不但可以當作是在復習牌義，也能用來練習將現實生活與雷諾曼卡連結起來。

範例

日期　　**2022**年　　**2**月　**15**日（二）

一早就噴嚏打個不停。看到花粉開始紛飛的新聞後，

試著服了藥，結果因為副作用的關係整個人昏昏沉沉，

工作接連出錯。果然還是得來試試中藥才行。

希望能找到不錯的中醫診所……。

・噴嚏打個不停 ………▶ 鞭子
・花粉 ………………▶ 花束
・新聞 ………………▶ 騎士　信件　鳥
・昏昏沉沉 ……………▶ 雲
・工作…………………▶ 錨

・接連出錯…▶ 老鼠
・中藥 ………▶ 幸運草
・診所 ………▶ 樹木　塔

將這樣的日常瑣事置換成雷諾曼卡思考一下。「新聞這個關鍵詞，可以套用成『騎士』、『鳥』、『信件』的哪一張牌呢……」一開始練習的時候，多數都會像這樣感到不知所措。不知道怎麼做的時候，全部都寫下來也沒關係。經過每天不斷地練習，接下來就能迅速選出最適合的牌了。

❀ **POINT** ❀

雷諾曼卡日記的訓練方式很簡單，思考的時候要將雷諾曼卡套用在日記的關鍵詞上。持續練習之後，自然而然就能將象徵的牌聯想到發生的事與日常生活中，解讀能力便會越來越進步。

Reading Method 2：5W1H 故事

將出現的雷諾曼卡套用 5W1H，藉此鍛練想像力

　　第二種方法，是利用雷諾曼卡來進行訓練。將隨機選出的6張牌，套用5W1H的When（何時）、Where（何地）、Who（何人）、What（何事）、Why（為什麼）、How（怎麼做），編出一個故事來。畢竟是從指定的牌編出一個故事，難免會雜亂無章，不過這是在鍛練自由創造力及想像力的訓練，所以無所謂。雷諾曼卡就是用說故事進行占卜的牌卡，相信在這裡學會的創造力，將有助於拓展解讀的格局。

步驟

①將 36 張牌充分洗牌。

②將牌分成 6 個牌堆。

平均分成6個牌堆，讓一個牌堆裡有6張牌。

①　　②　　③　　④　　⑤　　⑥

③找出「淑女」牌或「紳士」牌

從6個牌堆中，找出內含本人牌，也就是「淑女」牌或「紳士」牌的牌堆。內含本人牌的牌堆，就是這次要使用的6張牌。

④將 6 張牌擺好

將③的6張牌橫向擺好。

⑤將 6 張牌套用 5W1H 編成文章

將6張牌分別套用上5W1H的項目，也就是①When（何時）、②Where（何地）、③Who（何人）、④What（何事）、⑤Why（為什麼）、⑥How（怎麼做），再將牌重新擺好。套用的時候，因為淑女（紳士）是人物牌，所以必然會是③Who，其他的牌請自由組合起來。千萬別受限於雷諾曼卡的關鍵詞，而要好好運用從圖案中浮現的意義、靈光乍現的感覺。這是在鍛鍊創造力的訓練，所以可以自由想像隨意進行！

例

①When（何時）　②Where（何地）　③Who（何人）　④What（何事）　⑤How（怎麼做）　⑥Why（為什麼）

【船】　　　　【幸運草】　　　　【淑女】　　　　【老鼠】　　　　【騎士】　　　　【狗】

▼

> 旅行期間，在荒郊曠野，我，緊追著，老鼠，想抓來當寵物。

❀ POINT ❀

不要受限於雷諾曼卡的關鍵詞，請自由地發揮無限想像力。騎士牌並沒有「緊追」的關鍵詞涵義，幸運草也沒有「荒郊曠野」的關鍵詞涵義，所以請在看到圖案後，自由運用靈光乍現的感覺編出故事來。

Reading Method 3：確認清單

開始占卜前須列出確認清單

　　開始占卜前，最重要的就是要明確知道自己想占卜什麼問題。看起來好像很簡單，但是不少諮詢者卻會在占卜途中不知所措，比方說一開始本來是來諮詢結婚的事，後來在占卜期間，話題卻相繼轉移到家人的問題、職場的人際關係，以及對未來的不安等事情上，話題悄悄轉變成與原先諮詢內容不同的例子比比皆是。

　　因此我習慣在鑑定前將諮詢內容記下來。尤其是在展開大藍圖牌陣之前，我都會問清楚諮詢者的煩惱，列出確認清單。本頁將介紹如何列出確認清單的範例，請大家務必在占卜時參考看看。

確認清單的內容

◎諮詢內容
➡試著將現在煩惱的事情、在意的事情具體寫出來。

◎登場人物及想占卜的事情
➡在左側將登場人和想占卜的事情寫出來，並在右側分別寫上對應的關鍵牌。

◎最想知道的事情
➡重新檢視「諮詢內容」，釐清之後就能看見問題的本質。接著再設定最想知道的主題。

◎確認要展開誰的大藍圖牌陣
➡釐清要占卜什麼事情之後，最後再確認要占卜誰的事情。找出問題的本質，自然就知道應該占卜的對象為何人。

大藍圖牌陣確認清單

為了知道提問內容的本質，須將內容整理一下。首先要將煩惱以及想知道的事情具體寫出來，釐清主題牌。最後請決定要占卜誰的事情。

◎諮詢內容

範例 最近先生的身體不太好，感覺他工作十分忙碌，很晚才會回家，就連休假日也是在家忙工作的事。我真的很擔心他，但是他在家都不會跟我聊工作上的事情。不知道先生在公司的狀況是怎樣？還有我可以為他做什麼嗎？

◎登場人物及想占卜的事情

①	我（本人）	·······▶ 主題牌	淑女
②	先生	·······▶ 主題牌	紳士
③	與先生工作有關的事情	·······▶ 主題牌	錨
④		·······▶ 主題牌	

◎最想知道的事情

範例 關於先生的工作，還有他對我有什麼想法？

◎確認要展開誰的大藍圖牌陣

先生（紳士） 的大藍圖牌陣

CASE 1

自己單戀的男生約自己去吃飯，不知道對方對我是怎樣的感覺？

問卜者：A小姐（女性）

牌陣／三卡組合

【太陽】

【花束】

【月亮】

結果、解說

由「太陽」牌與「月亮」牌一同出現的情況看來，顯示對方對妳很有感覺

代表絕佳運氣的「太陽」牌璀璨閃耀，顯見內心是鼓動的。而且「月亮」牌也和「太陽」牌同時出現，由此可知對方的心情是無論白天夜晚，都希望能和A小姐分享快樂的心情。另外出現在這兩個天體之間的美麗「花束」牌，象徵著喜悅。對方可以成功約A小姐出來吃飯，看來是開心得不得了。

「花束」牌也意指禮物，所以對方也許正在思考要送些什麼禮物才好。可見對方比A小姐還要興奮的樣子。

❀ POINT ❀

同時出現「太陽」牌與「月亮」牌的時候，須特別留意。「太陽」與反射太陽光才能發光的「月亮」，處於相對的關係，就像「白天與黑夜」、「男性與女性」、「自己和對方」一樣，將二張牌組合起來解讀，才能提出廣泛的解釋。另外「花束」牌也是在表示歡迎A小姐的心情。

CASE
2

明年就要高中畢業了，所以正在計畫和朋友去畢業旅行，但是錢總是存不下來。雖然父母會給零用錢，但是一下子就會花在玩樂或興趣上……。
我該怎麼做才能備妥充足的資金呢？
問卜者：B先生（男性）

牌陣／三卡組合

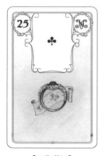

【戒指】

【信件】

【孩童】

結果、解說

從「孩童」牌可明顯看出心態不成熟

「信件」牌代表的是寫下來的重要性。將支出仔細記錄下來，或是將具體的目標金額寫出來，似乎是很重要的一環。圓環的「戒指」牌象徵反覆及循環。不可以三分鐘熱度，必須持之以恆的努力，才能有效地將錢存下來。

另外「孩童」牌代表的是B先生本身不成熟的心態及幼稚表現。也許內心總是想著有困難再去拜託父母就好，所以這張牌就是在傳達不應該依賴父母，重點是要控制衝動購物的行為，自己負責任地把錢存下來。

❋ POINT ❋

留意此時出現的是「戒指」牌，而非直接表示金錢的「魚」牌，強調反覆的重要性，所以最佳捷徑應該就是定期存錢。由於出現了表示庇護對象的「孩童」牌，所以請父母幫忙也是一個方法，不過正視自己心態不成熟的問題後，才能更加成長。

CASE 3

正在交往的男朋友不但個性溫柔，外表也是我喜歡的類型，只是他有一個缺點，在金錢方面很愛斤斤計較，除此之外幾乎沒什麼問題，但是就這樣忍耐著繼續交往下去好嗎？

問卜者：C小姐（女性）

牌陣／9張解讀

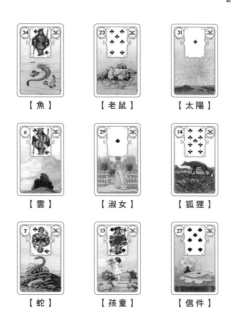

【魚】	【老鼠】	【太陽】
【雲】	【淑女】	【狐狸】
【蛇】	【孩童】	【信件】

結果、解說

從包圍本人的牌，突顯出浪費的習慣

從環繞C小姐的八張牌顯現出來的問題，是C小姐在金錢方面漫無節制。觀察表示現狀的縱軸中排，位在上方的是代表損失的「老鼠」牌，下方則出現了代表思想不成熟的「孩童」牌，可見她平時習慣在不經思考下隨意花錢。而且在過去的位置上出現了「雲」牌，由此可知她自己也不知道錢花去了哪裡，生活上一直都是十分浪費的樣子。從這個牌陣可以解讀出，C小姐似乎不喜歡男朋友「在金錢方面很愛斤斤計較」的個性，但是應該改善的卻是C小姐自己在金錢方面的使用方式。

在未來的部分出現了「狐狸」牌，所以要聚焦在男朋友的聰明才智上。今後二人在交往時，要從男朋友身上學習管理（信件）金錢的方法，才能讓光明的未來（太陽）來到自己身邊，過得比現在更好。

詳細的解讀方式

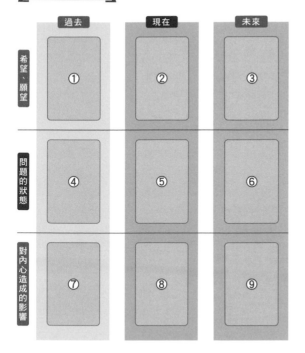

	過去	現在	未來
希望、願望	①	②	③
問題的狀態	④	⑤	⑥
對內心造成的影響	⑦	⑧	⑨

縱軸

【中排：現在】②⑤⑧
三不五時來偷盜食物的「老鼠」，象徵小筆的花費。表示現狀是不停地在浪費。

【左排：過去】①④⑦
「蛇」牌是壞事的象徵。搭配上失去重要事物的「雲」牌後，突顯出並未察覺自己習慣浪費的情形。

【右排：未來】③⑥⑨
「信件」牌象徵記錄下來的意思。向男朋友學習金錢管理（狐狸）的方法，想辦法記帳之後，現狀就會逐漸好轉（太陽）。

橫軸

【上排：希望、願望】①②③
因為「太陽」牌的關係，負面的「老鼠」牌變成正面的意思。可解讀成C小姐希望擺脫浪費的習慣，讓自己能像產下許多卵繁衍子孫的「魚」一樣，讓金錢逐漸增加。

【中排：問題的狀態】④⑤⑥
「狐狸」牌也有負面的涵義，但從太陽就在附近這點來看，在這次解讀中象徵智慧及才智。顯示C小姐不具備（雲）關於金錢管理方面的智慧。

【下排：對內心造成的影響】⑦⑧⑨
C小姐應該從「孩童」時期就不會將零用錢記帳（信件），以往都是隨意管理收支。她在內心深處似乎對這一點抱持著罪惡感（蛇）。

�֎ POINT ֎

基本上「狐狸」牌大多會理解成狡猾、奸詐等負面的意思，但在這裡要解釋成交往對象展現出來的聰明才智，才能順利解讀。另外「太陽」牌會讓負面牌的意思好轉，所以「老鼠」牌或「狐狸」牌所具備的負面涵義便會解除，往好的一面發展。

CASE 4

和年紀比自己小的男朋友交往一年，我覺得差不多可以結婚了，但是對方好像沒這個想法。不知道他對於和我結婚的事，有什麼打算？

問卜者：D小姐（女性）

牌陣／大藍圖牌陣9張解讀

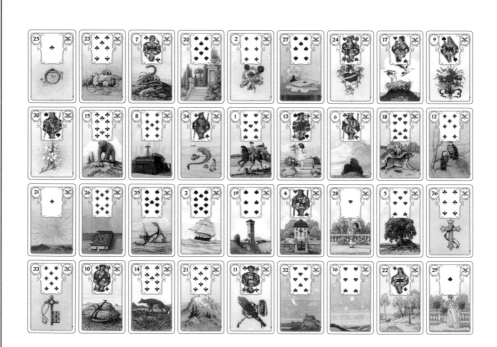

❀Check Point❀

本人牌	D小姐：淑女；男朋友：紳士
主題牌	戒指（關於結婚的事情）
提示牌	戒指、花束、鑰匙、淑女

LESSON

想知道的事情是男朋友的心情及婚姻觀，所以展開大藍圖牌陣時要以男朋友（紳士）為主，而不是以D小姐本人為主。想知道二人的關係時，便可以D小姐本人（淑女）為主。

結果、解說

男朋友出現在晃動不停的水那一排，所以將由女朋友主導

「紳士」牌代表男朋友，留意周圍的八張牌後即可發現，在他的深層心理出現了「星星」牌和「月亮」牌，看樣子對於結婚充滿著幸福的想像。但是正如「雲」牌所示，目前似乎沒有轉為具體行動的打算。由於出現了「狗」牌，所以現在與D小姐之間，也許很滿足於朋友之間的關係。位在男朋友視線前方的是「樹木」牌。似乎是覺得要等自己繼續有所成長之後，才會有結婚的打算。從「紳士」牌出現在水那一排，就可以知道對於結婚一事並沒有明確的想法。

此外，從「戒指」牌周邊的牌解讀男朋友的婚姻觀後發現，代表現在深層心理的是「百合」牌。似乎是希望和溫柔體貼能為他奉獻的對象結婚，也顯示出他對於太過強勢（熊）的妻子，會很害怕自己處境堪憂（老鼠）而感到不安。

代表D小姐的「淑女」牌，則出現在土排。她一直站在十分現實的觀點考慮著結婚的事情，雖然和男朋友有認知上的差異，卻能完全接受這種狀態的考驗（十字架）。

但是無須悲觀。提示牌出現了「戒指」、「花束」、「鑰匙」、「淑女」。這是在暗示關鍵在於由D小姐自己向男朋友求婚。男朋友出現在水這一排，所以他一直很容易隨波逐流，只要他能感受到D小姐熱烈的愛，應該很快就會步入禮堂。

必須檢視的牌

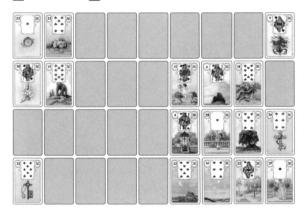

❧ POINT ❧

「紳士」牌和「戒指」牌距離遙遠且背對著，從這點也可以明白男朋友目前並沒有想到結婚的事。另一方面「淑女」牌眼前盯著的是「道路」。自己似乎知道目前被迫面臨某些抉擇。提示牌則是在督促D小姐要積極行動。只要D小姐用引導的方式，主動向男朋友求婚，肯定可以得到期盼的結果。

CASE 5

前陣子發現妻子外遇，但是她好像和對方因為一些事情分手了，只是還很擔心她會不會又偷吃，所以內心很不安。

妻子會外遇是因為我造成的嗎？今後二人的婚姻還可以持續下去嗎？

問卜者：E先生（男性）

牌陣／宮位大藍圖牌陣

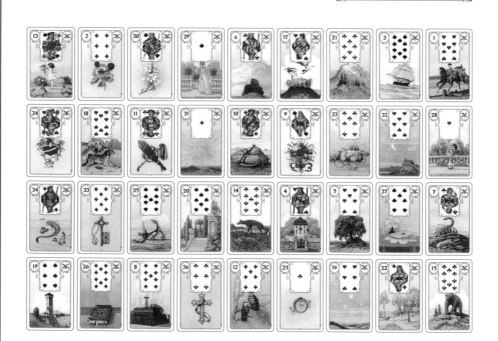

✽Check Point✽

對象人物、內容	宮位	宮位的主題	雷諾曼卡
本人	28紳士的宮位	基本運勢	塔
妻子	29淑女的宮位	女性	書本
外遇對象	7蛇的宮位	敵人	山
改善要點	33鑰匙的宮位	解決方法	戒指

◄ LESSON ►

代表本人的「紳士」牌出現在狗的宮位，所以這個宮位的主題「信任」，將會是給E先生的建議。

結果、解說

象徵束縛的「戒指」位於胸前，是時候回顧自己的言行

　　「紳士」的宮位代表E先生本人的狀況，在這裡出現的是「塔」牌，所以可解讀成遇到伴侶不忠的情形下，他還是極為理性地處理事情。而且也傳達出對於他和妻子之間的關係，就像這棟建築物一樣具有極高的理想。

　　另一方面，在顯示外遇對象的「蛇」宮位出現了象徵障礙的「山」牌，可見二人已經沒再見面了。在展現妻子狀況的「淑女」宮位出現的是「書本」牌，表示說不出口的想法。妻子雖然已經結束外遇關係，卻沒打算向E先生敞開心房表明自己真正的想法。這個原因會由出現在「鑰匙」宮位的「戒指」牌說明一切。

　　「戒指」牌基本上是正面牌，但在這裡顯示出束縛的意思，也許是E先生追求過高的理想，才會不自覺地剝奪了妻子的自由。妻子封閉心房，愛上別的男性，可能也是因為這個原因。

　　代表E先生本人的「紳士」牌出現在「狗」的宮位。這個宮位主要在說明友情及信任，所以可以解讀成建議他要更加信任妻子。

　　另外從「幸運草」牌同時位在幸運草的宮位，也能由此得到建議。「幸運草」是小確幸的象徵。所以要抓住現在的幸福，而不是用嚴謹的態度追求崇高的理想。只要能珍惜眼前的幸福，和妻子的感情一定會升溫，兩個人就能過著美滿的生活。

必須檢視的牌

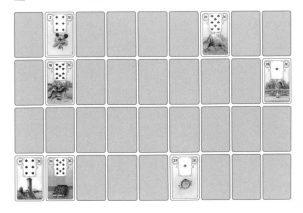

❀ POINT ❀

用宮位大藍圖牌陣占卜時，除了在想知道的內容這個宮位上出現的牌之外，也要留意本人牌出現在哪個宮位，接下來再解讀牌陣的建議。另外就像這次解讀的「幸運草」牌一樣，也要掌握住與宮位一致的牌這個重要關鍵。

CASE 6

兒子幼稚園同學的媽媽，有一天態度突然變得十分冷漠，不知道自己是不是做了什麼讓她不高興的事？今後該如何與她來往才好呢？

占卜者：F 小姐（女性）

牌陣／大藍圖牌陣 9 張解讀

❋Check Point❋

本人牌	淑女
同學的媽媽	狗
提示牌	船、魚、花束、塔

結果、解說

重疊的「蛇」牌證明同學媽媽心生嫉妒與心懷惡意

　　「淑女」牌代表F小姐，在過去的部分出現了「庭園」牌與「蛇」牌。可見在眾人聚集的場所（庭園），感受到惡意（蛇）的對待。「狗」牌等同於同學的媽媽，其周圍的九張牌又和「蛇」牌重疊，由此可知在這個問題裡反映出嚴重的惡意。

　　仔細觀察包圍同學媽媽的牌，在過去的位置上出現了「鳥」牌、「鐮刀」牌。可能之前在和F小姐聊天時，發生了某些不愉快的事。現狀的「月亮」牌、「老鼠」牌暗示著，對方想讓F小姐吃點苦頭（老鼠），自己才有贏的感覺（月亮），總之對方只顧自己高興，希望F小姐作為陪襯的角色。但是「淑女」牌位在比「狗」牌上排的位置，因此可解讀成二者之間存在等級差距，明顯可知F小姐的等級比較高。一直以為處於優勢的同學媽媽在聊天時發現了這點事實，才會開始敵視F小姐。

　　將焦點放在彼此的未來後發現，在同學媽媽的部分出現了表示停滯的「棺材」牌，可見今後她的內心還是會繼續充滿嫉妒（蛇、愛心）。在F小姐的未來部分則是出現了「十字架」牌、「鸛鳥」牌，因此是在暗示須留意價值觀的差異。提示牌的「塔」牌、「魚」牌、「花束」牌，代表的是需要入學金的學校。另外再搭配上「船」牌，也有國際學校的意思。如果金錢方面應付得來，建議小學去上私立學校，與同學媽媽保持距離。春天的時候，似乎有機會開開心心地外出旅行。

必須檢視的牌

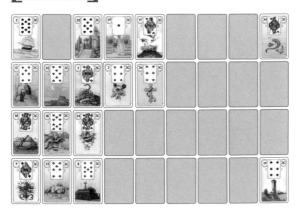

❧ POINT ❧

在大藍圖牌陣9張解讀當中，尤其必須留意重疊的牌。就像這次的「蛇」牌一樣，可釐清問題的要因為何，得到解決問題的提示。

CASE
7

哥哥新婚，他似乎想暫時過過二人世界，因此與希望同住的雙親爭執不下。前陣子父母還請我去說服哥哥，夾在中間真的很為難，不知道該怎麼做才好。

問卜者：G 小姐（女性）

牌陣／大藍圖牌陣標記牌解讀（5 張解讀）

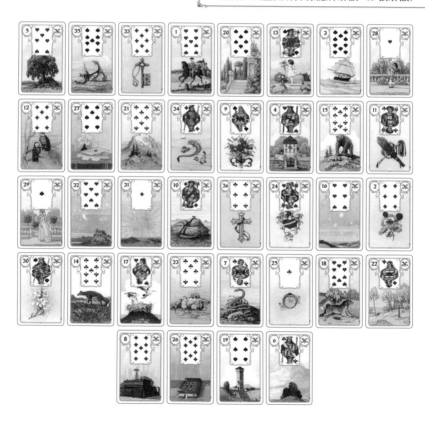

❊Check Point❊

本人	淑女	標記牌	棺材、書本、塔、雲
哥哥	紳士	提示牌	樹木、紳士、百合、道路
父母	房子		

結果、解說

留意標記牌，解讀父母不安的想法

在「紳士」牌過去的部分出現了「船」牌，可見對F小姐的哥哥來說，這次新婚生活是一場工程浩大的新旅程。他現在就像駛進汪洋大海的船隻一樣，只顧著一往直前。由於在深層心理出現了「鞭子」牌，由此可知他狠下心來做出決定了，感覺這也是為了成長的必要之痛。

「房子」牌代表父母，雖然他們很祝福（花束）哥哥結婚這件事，卻又認為哥哥還是個小孩子（孩童）。深層心理出現了「愛心」牌，傳達出深厚的感情。另外再將焦點轉移到下方的四張標記牌，顯示出過去這個家庭一直堅守傳統（書本）的傳承，以及祖墳（棺材）等部分管理（塔），所以很擔心在這方面會不會出問題（雲）。顯見這些不安正是這次解讀的主題。

在表示G小姐自己（淑女）願望的位置上出現了「鳥」牌，看來是希望雙方能夠好好談談。抱持著自我犧牲的精神（百合），並為了雙方的感情和諧持續奔走。

必須檢視的牌

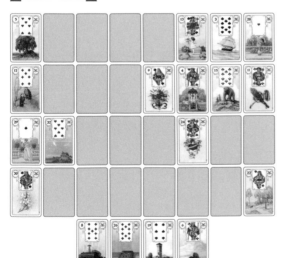

但是G小姐和「紳士」牌及「房子」牌的距離都很遙遠。而且在提示牌出現了「紳士」牌，由此可知這件事還是要交給哥哥處理才為上策。

最近哥哥應該會和父母詳談，告訴他們：「分開住是為了讓自己獨立成熟（樹木）的重要決定（道路），不過還是會好好考量父母老後（百合）的事情。」這樣一來父母也就能放心了。

❋ POINT ❋

在G小姐的未來出現了「月亮」牌，所以應該可以扮演聆聽者的角色，成為父母心靈上的支柱。看來就算分開來住，一家人的心還是會彼此緊密相連的。

對公司同部門的女前輩感到很頭疼，對方情緒起伏劇烈，一不開心就會找自己出氣，充滿敵意。雖然和直屬上司談過了，卻還是沒辦法解決問題。和對方一起工作就會覺得很痛苦，今後該怎麼辦才好？

問卜者：H先生（男性）

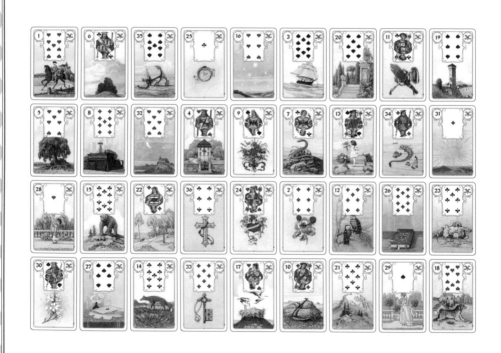

❀Check Point❀

本人	紳士
前輩	淑女
上司	熊

結果、解說

須留意三人的未來是息息相關的

　　Ｈ先生（紳士）與女前輩（淑女）距離遙遠，可見很難溝通彼此的意見。表示Ｈ先生現狀的牌，可看到他專心致志（百合）地認真工作，穩健成長（樹木）著。這二張牌在代表上司的「熊」牌的過去部分有所重疊，所以他認真工作的模樣上司應該也都看在眼裡。上司會站在Ｈ先生前方保護他，避免他受到女前輩的傷害。

　　將焦點轉移到女前輩周邊的牌之後，透過「鳥」牌與「山」牌的組合可發現她並不善言辭。在現狀部分也出現了象徵祕密的「書本」牌，可見她和Ｈ先生並沒有做到充分溝通，與Ｈ先生共事時總以為「不用說對方就會明白」。看來上司正在考慮要提醒（信件）他們必須解決（棺材）這種情形。最近會選擇（道路）用一些理智（狐狸）的做法，例如內部通知或人事異動等方式來幫助（月亮）Ｈ先生。

　　在提示牌出現的是代表公司的「塔」牌、象徵信任的「狗」牌，以及表示認真態度的「百合」牌。這些牌是在告訴Ｈ先生，應照往常一樣只顧認真工作就好，繼續在公司成為備受信任的人。另外還出現了「騎士」牌，因此預料很快就會有開心的消息從天而降。在Ｈ先生的未來出現了「棺材」牌，由此可知煩惱的問題將會解決。上司肯定會做出某些決定。檢視女前輩的未來，顯見這幾張牌呈現的結果是她在公司裡失去（老鼠）信用（狗）。

　　所以這個牌陣的答案就是，明眼人都看在眼裡，不會任這名前輩擺布，Ｈ先生應該對自己的工作負責即可。

必須檢視的牌

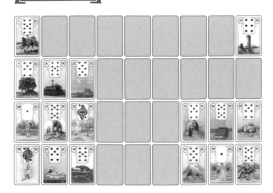

三人的未來息息相關，在上司（熊）的決定（道路）下，導致女前輩的處境堪慮（老鼠），而Ｈ先生將會因此擺脫（棺材）煩惱。

CASE 9

我很喜歡工作，但總是做不出成績，整個人很沒自信。我該怎麼做才能培養實力呢？

問卜者：I先生（男性）

牌陣／5張解讀

現狀

【道路】

過去　　　　　　　　　　未來

【鐮刀】　　【錨】　　【月亮】

提示

【孩童】

結果、解說

將「孩童」牌視為提示，試著改變工作的方法

　　將代表工作的「錨」牌當作主題牌放在正中央，周邊再擺上過去、現狀、未來、提示的四張牌。出現在過去的「鐮刀」牌代表決斷，由此可解讀成I先生過去凡事都自行決定。現在可能覺得這種做法已經走投無路，被迫做出某些選擇（道路）。

　　在主題牌正下方呈現的是提示牌。這裡出現了「孩童」牌，因此最重要的是莫忘初衷，並且偶而要依賴身邊的人。凡事不要自己一個人去面對，應借助周遭其他人的力量，相信如此一來I先生將能進一步大展抱負。

❖ POINT ❖

過去一直是自己做決定（鐮刀），提示則是要依賴（孩童）大家……像這樣對照過去的牌與提示牌再仔細思考之後，就能接收到明確的訊息，並能從這些訊息聯想到接下來應該怎麼做。

CASE
10

公司將推動已久的專案交給自己，雖然很開心，卻也備感壓力。請教教我該留意哪些重點才能成功。
問卜者：J 小姐（女性）

牌陣／雙卡組合

【鸛鳥】

【鞭子】

結果、解說

從 2 張牌的組合解讀牌義

「鸛鳥」牌表示情況或環境會驟然轉變。而「鞭子」牌、「鸛鳥」牌的組合則意指突然轉換方針。這個專案對公司來說非常重要，所以不要故步自封，應該尋求新觀點及新做法。

看來會處於摸索的狀態，所以就像「鞭子」牌暗示的一樣，壓力會很大，與伙伴之間可能也會出現衝突或爭執。也許不平靜的狀態會持續一段時間，但要好好溝通，接受多方面的看法。克服難關之後，全新的世界將會一望無垠，請繼續前進不要氣餒。

❀ POINT ❀

「鞭子」牌一出現或許會讓人心驚膽落，但是請與「鸛鳥」牌組合起來後，再冷靜地解讀牌義。p.206～213刊載了組合一覽表，這部分請大家也務必參考看看。

CASE 11

最近完全沒機會和國中的女兒說上話，難道是叛逆期嗎？還是對我有什麼意見呢？很希望能像女兒小時候一樣感情融洽，但是我該如何與她相處呢？

問卜者：K小姐（女性）

牌陣／雙十字牌陣

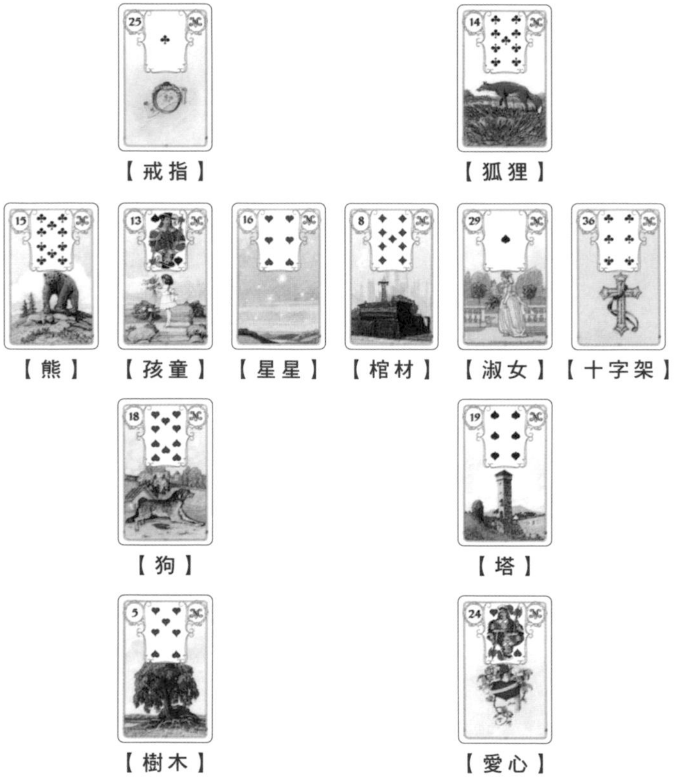

【戒指】
【狐狸】
【熊】
【孩童】
【星星】
【棺材】
【淑女】
【十字架】
【狗】
【塔】
【樹木】
【愛心】

Check Point

問卜者	右側十字架的「淑女」
女兒	左側十字架的「孩童」

POINT

在右側十字架的正中央，擺上代表K小姐本人的「淑女」牌，在左側十字架的正中央，擺上代表女兒的「孩童」牌。

結果、解說

連接二人的牌傳達出必須試著去接受

在表示二人過去的位置上出現了「熊」牌，由此可知過去二人的關係是由母親在主導，可見母親一直非常愛護女兒。但是現在位在「孩童」牌正上方的是代表束縛的「戒指」牌，這部分顯示出女兒不想再被母親干涉。目前占據她內心的是朋友（狗），想必目前在成長（樹木）過程中是以朋友為重。

在K小姐真實想法的地方，出現了代表教育的「塔」牌，以及代表愛情的「愛心」牌。她一如既往，一心只想著要用十足的母愛養育女兒長大。在正上方的位置出現了「狐狸」牌，所以也可解讀成她不希望女兒有事隱瞞自己、欺騙自己。將二個十字架擺在一起檢視之後，會發現女兒的生活以朋友為中心，開始排斥母親的干涉，於是二人才會產生隔閡。

連結二人的牌為「星星」牌、「棺材」牌。就像無法見到星星一樣，顯示出看不見希望。不過這部分就像在二人未來的位置所出現的「十字架」牌一樣，意指必須試著去接受。每一個人都會經歷叛逆期及青春期，所以不必難過。只要度過這段時間，等到女兒長大後，二人的關係一定又會變和睦。

確　認

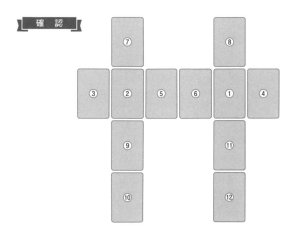

確認擺牌位置與每張牌的
涵義。

①本人
②女兒
③過去二人的關係
④今後二人的關係
⑤⑥二人重視的事情
⑦女兒對本人的願望及理想
⑧本人對女兒的願望及理想
⑨⑩女兒的心情
⑪⑫本人的心情

❋ POINT ❋

在上圖⑤⑥「二人重視的事情」的位置出現負面牌的時候，可解讀成「必須克服的問題。目前因為「星星」牌、「棺材」牌而看不見希望，但是叛逆期及青春期總會過去。克服這個課題之後，就能看見嶄新的未來。

我對自己很沒自信，每每與人比較過後就會心情沮喪。我該怎麼做才能更喜歡自己呢？

問卜者：L先生（男性）

牌陣／登峰牌陣

【熊】

【孩童】　【鞭子】　【騎士】

【庭園】　【百合】　【愛心】　【船】

結果、解說

關鍵的「百合」牌與「愛心」牌在心、技、身的涵義各不相同

代表心的「孩童」、「庭園」、「百合」這三張牌，傳達出保持純潔（百合）赤子（孩童）之心與各方人士交流（庭園）的重要性。相信對方，真誠地接受對方即可。緊接著代表技的三張牌中出現了「鞭子」，這張牌並沒有負面的涵義，搭配上「愛心」牌後，可解讀成提供一針見血的建議。而且出現了「百合」牌，因此也是在表示靠自己療癒自己的重要性。

而代表身的三張牌，則是在建議要做運動培養耐力。在這裡將「愛心」牌解釋成心臟的話，就會讓人聯想到有氧運動這類的詞彙。搭配上「船」牌、「騎士」牌後，似乎就是在建議要去遠一點的地方做運動，例如慢跑或騎自行車。

看來L先生在調整個人狀態保持身心平衡後，不但會變得更強健，還能培養領導力（熊）和包容力（熊），如此一來自然人就會有自信。

❀ POINT ❀

「百合」牌在心的三張牌中，象徵純真的內心，在技的三張牌中，則象徵療癒。另外「愛心」牌在技的三張牌中代表內心，在身的三張牌中代表心臟。所以要像這樣根據不同領域，解讀出最適當的牌義。

CASE 13

以前我事事都在迎合別人，最近突然覺得不能再這樣下去了。但是我自己也不知道究竟想怎樣，可以提供一些建議嗎？

問卜者：M小姐（女性）

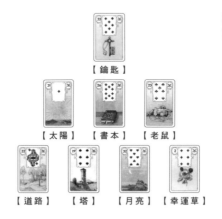

【鑰匙】

【太陽】　【書本】　【老鼠】

【道路】　【塔】　【月亮】　【幸運草】

牌陣／登峰牌陣

結果、解說

關鍵在於能否具體解讀出「身」這方面的警告內容

在心的部分出現的是「太陽」牌、「道路」牌、「塔」牌。M小姐過去一直隨波逐流，現在她想追求的是擁有堅定不移的自信（太陽）、獨立自主的意志。因此重點是要具備多元且客觀的觀點，就像是站在高處（塔）俯看一切一樣。

在技的部分需要經由學習（書本）培養技能，才能幫助別人（月亮）。由於「塔」牌也有學校的意思，所以最好去某些學校就讀學習知識。在身的部分出現「月亮」和「老鼠」的組合，提醒有睡眠不足的問題。「幸運草」在這個牌陣裡可解釋成植物。借助藥草或中藥的力量改善睡眠，調整身體健康為首要之務。

身心穩定之後，取得「鑰匙」才能開創未來。相信M小姐無須依賴他人，可以用自己的想法打開全新的扉頁。

❉ POINT ❉

「幸運草」牌釋放出來的訊息，可解釋成留意近在身邊的幸福，但在這裡解讀成植物的象徵，因此是在具體建議善用「中藥」或「藥草」。

雷諾曼卡的
Q & A

雷諾曼卡有什麼規則或禁忌嗎？除此之外，該如何正確使用雷諾曼卡呢？相信大家一定會有這些疑問。所以我將在本章節，為大家回答平時最多人提出來詢問的問題，讓大家在占卜時作為參考，充分享受雷諾曼卡的樂趣。

Question 1
洗牌時心裡要想什麼？

Answer

洗牌時，每個人在心裡想的事情都不一樣。有些人並不會有什麼特別的想法，而會用一片空白的方式提升專注力，我則建議大家可以深思「提問內容」。只要在心中默念（當然說出來也行）「請告訴我○○」，想要占卜的內容就會清楚傳達給雷諾曼卡，讓雷諾曼卡告訴你明確的答案。

Question 2
擺牌順序搞錯的話，是不是應該重頭再來一次？

Answer

本書已經重申過好幾次了，雷諾曼卡最吸引人的地方，就是它的自由度。擺牌順序只是一個範本，順序搞錯了也沒必要重頭再來。最重要的還是哪個位置上出現了哪張牌。擺牌順序會搞錯，或許都是命運的安排。

Question 3
雷諾曼卡可以占卜多久以後的事情？

Answer

占卜時沒有設定時間的話，通常可以預測三個月以後，最長到六個月以後的事情。另外不同牌陣的預測時間都不一樣，單張牌占卜可預測一週內的事情，3～5張牌占卜可預測一個月後左右的事情，大藍圖牌陣則能解讀一年後的事情。不管哪一種占卜法，時間越近的事情占卜出來的準確率越高。占卜時明確設定時間，才能得到更準確的答案。

Question 4
洗牌時如果有一張牌飛彈出去的話，該怎麼辦才好？

Answer

洗牌或是在擺牌時不小心讓牌飛彈出去的話，稱作「跳牌」（Jumping card）。雖然有時候牌只是單純掉下去而已，不過某些牌為了傳達特別重要的訊息，便會強調自己的存在而跑出來。如果從這些牌感應到什麼的話，可以將這些牌視為建議牌另行解讀。如果沒有特別感應到什麼的話，單純視為掉落的牌即可。

Question 5
老是連續出現相同的牌有什麼涵義嗎？

Answer

大概是這些牌很想要告訴你什麼事情，也許是無法釐清這些牌所要顯示的課題及任務，甚至是誤解了這些牌所要展現的提示及建議。無論如何在在證明這些牌潛藏著某些強烈訊息。不妨好好思考一下這種情形，出現好幾次的牌究竟在努力想要告訴你什麼？

Question 6
不管要諮詢什麼問題，都用大藍圖牌陣占卜最好嗎？

Answer

可以一次俯瞰所有事情的大藍圖牌陣，當然是十分萬能的牌陣，不過想要占卜小事的話，用其他牌陣便綽綽有餘。請大家要記住一件事，並不是雷諾曼卡數量越多的牌陣越好。請依照提問內容以及想預測的期間，選擇最適合的牌陣。

Question 7
十分缺乏靈感的我，也可以進行占卜嗎？

Answer

雷諾曼卡占卜時不需要任何靈感。重點在於你能夠從雷諾曼卡中，確實解讀出多少訊息。用雷諾曼卡占卜的人，必須仔細觀察牌卡上的圖案，靠直覺選出心有所感的訊息進行解讀。這種靈感與現實緊密結合的感覺，必須反覆經過好幾次的解讀練習才能學得會。

Question 8
雷諾曼卡該如何保管？

Answer

雷諾曼卡大多為紙製產品，不耐水及濕氣，所以要避免放在常結露的窗邊或不通風的場所。另外若放在陽光直射處會有變色的情形，所以要多加留意。有些人會用桌巾包起來，有的人會放進盒子裡，有人則是直接收進櫃子，保管方式依人而異，並沒有嚴格規定，所以請用最適合自己的方式保管好。

破爛不堪的雷諾曼卡可以丟掉嗎？

Answer

用很久已經破爛不堪，或是部分牌卡遺失的雷諾曼卡，丟掉也沒關係。並不需要特別的儀式，也沒有任何的規定，懷著感恩的心情告別雷諾曼卡即可。如果不捨得當成垃圾丟掉的話，可將喜歡的雷諾曼卡當作護身符帶在身上。

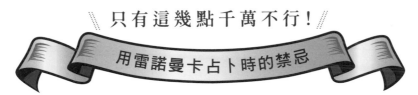

＼ 只有這幾點千萬不行！ ／
用雷諾曼卡占卜時的禁忌

雷諾曼卡占卜最吸引人的地方，就是兼容並蓄，凡事都能提供溫暖的建議。不過還是有一些規則及做法必須遵守。下述介紹的規則，除了雷諾曼卡之外，也適用於所有的占卜。

① 診斷疾病

醫師法禁止無醫師執照者談論疾病（包含治療方式和病名等等），以及從事醫療相關行為。

② 未經本人允許公開占卜內容

在未經本人允許下公開個人資訊的行為，恐有違反個人資料保護法之虞。最近擅自為知名人士占卜運勢並公開結果的風潮並不可取，所以要特別留意。

③ 在社群媒體上介紹的圖畫不一定能刊載

一般市售的雷諾曼卡有些可以刊載，有些則是在某種程度上給大家方便，但盡可能還是要向擁有著作權的人確認一下。最近很多人也都會推出獨創的雷諾曼卡，其中有些作品說不定會禁止公開，所以請仔細確認後才能刊載出來。

Column 4

負面牌也能為我們「指引方向」

　　當負面牌陳列在眼前，肯定會叫人心驚膽懾，但是絕對不可以就此斷定未來沒有希望。這些負面牌頂多只是在提醒我們「要避免這麼做」，坦誠接受建議，加以改善後事態就會逐漸好轉。舉例來說的話就和汽車導航一樣，汽車導航是用來指引我們哪條路才能順利開往目的地。駕駛會參考導航建議再採用不同路線，若遇到道路暫停通行便錯開時間，若有道路正在施工就改走別條路。雷諾曼卡占卜也如同汽車導航，不過是在指引我們應該走哪一條路。

「負面牌」出現時大家往往會敬而遠之，其實這些牌會提供我們一些建議，現為大家彙整如下。請大家務必當作參考，保持正向思考對事情才會有幫助。

牌卡	牌義	訊息
蛇	嫉妒、惡意	嫉妒與羨慕為一體兩面。現在應稍微低調一些。
棺材	最後、停止	目前不妨休息一下。請好好儲備能量，重新挑戰一次。
十字架	考驗、困難	順其自然吧！接受現實心情才會輕鬆。

牌卡	牌義	訊息
雲	妨礙、混亂	現在應該讓內心平靜下來，而不要惶惶不安。
山	萎靡、瓶頸	雖然路途遙遠，只要一直向前走，最終一定能登頂。欲速則不達。繞遠路反而可以更快抵達終點。
老鼠	損失、失竊	提醒自己別鬆懈了。小心應對就能回避風險。
鎌刀	危險、切割	謹慎做決定才不會後悔。應保持從容不迫。總是趕在最後一刻的話，一定會判斷錯誤。

書末附錄

關鍵詞、組合一覽表

一目了然地揭示每張雷諾曼卡的關鍵詞、
組合的涵義、應挑選的主題牌等一覽表。
還有能運用在每日占卜當中的
Reading Diary。

No.	牌卡	關鍵詞
1	騎士	喜訊、好消息、通知、邂逅、迅速、勇氣、菁英、送貨員、高貴、禮節、勇氣
2	幸運草	發生幸福的事、機會、幸福感、滿足感、小確幸、幸運、守護、樂觀、勝利、偶然、消災解厄、中藥
3	船	旅遊、挑戰、旅行、冒險、船、自由業的工作、自我提升、順風、越境、前進、異文化交流
4	房子	家庭、原點、家人、房間、安心的場所、本地、故鄉、不動產、私領域、在家工作、基礎
5	樹木	健康成長、生命、身體狀況、發展、發育、舒緩、長壽、永遠、繁榮、醫療、醫學、長期計畫
6	雲	暫時停止、混亂、不安、不透明、迷惘、困難、禁止外出、灰色地帶、妨礙、不信任感、憂鬱、無法預料、曖昧
7	蛇	惡意、惡行、壞事、厭惡、背叛、嫉妒、重生、陰暗、對手、敵人、誘惑、違法行為、尖銳、冷血、爬蟲類
8	棺材	臨終、結束、完結、死亡、最後、腐敗、終結、沉默、悲傷、低落、休止、遺產、閉門不出、致命的、沒有光線的場所
9	花束	感謝、祝福、禮物、喜悅、感動、美感、與美有關的事物、驚喜、好意、喜事、豪華
10	鐮刀	離別、分裂、切斷、中斷、受傷、危險、決斷、收穫、最佳時機、意外、衝擊、拒絕、離婚、發生令人震驚的事
11	鞭子	爭論、懲罰、對立、吵架、糾紛、管教、疼痛、暴力、訓練、自我啟發、自我懲罰、批判、碰撞、不和、叱責、壓力
12	鳥	溝通、對話、情報、社群媒體、風評、八卦、音樂、網路、智慧、歌曲、閒話、口碑、宣傳
13	孩童	新鮮事、孩童、新規章、開始、單純、不成熟、幼稚、初學者、純粹、新鮮、青梅竹馬、可愛度、年幼時期
14	狐狸	狡猾、策略、偽善、虛偽、壞主意、陰謀、說謊、好奇心、研究心、聰明伶俐、變身、對手、前輩、專家
15	熊	權力、力量、地位、支配、壓倒、勇猛、力氣大、上司、長輩、母親、母性、後盾、領導力、領導慾、威嚴
16	星星	引導、希望、目標、理想、憧憬、人氣、目標、靈感、注目、洞察力、偶像、品味、知名人士
17	鸛鳥	移動、變化、搬家、移轉、革新、變換、懷孕、生產、全球性、改造、躍進、飛躍
18	狗	友情、信賴、同志、朋友、伙伴、忠義、信用、順從、團體、寵物、協力、同事、警戒心

No.	牌卡	關鍵詞
19	塔	權威、傳統、公共、官方的、政治、法律、教育、規定、建築物、習慣、繼承、保守的、職場、看守、認定
20	庭園	交流、集會、活動、公園、派對、社團、遊樂園、社交、人脈、眾人聚集的場所、文化中心、社團活動
21	山	障礙、瓶頸、考驗、頹喪、延遲、上進心、忍耐、崇高目標、孤立、困難、延滯、崇高、超越、國境、縣境
22	道路	選擇、人生的分岔路、轉捩點、分岔點、道路、軌道、導航、路標、管道、探索的方式
23	老鼠	損失、損害、失竊、遺失、丟失物品、遺失物、不乾淨、病毒、感染、暴食、蔓延、增殖、小動物
24	愛心	愛情、戀愛、熱情、心動、戀慕之情、感情、心臟、內心、博愛精神、良心、好意、心理、仁慈
25	戒指	契約、約定、發誓、同意、友好合作關係、束縛、輪迴、貴金屬、寶石、羈絆、緣分、認知、身分證明、印鑑、協定
26	書本	智慧、祕密、學習、學問、教科書、專業書籍、書本、讀書、資格、記錄、祕傳、學問、記憶、隱情、專業知識
27	信件	消息、信件、郵件、文件、文書、電子郵件、LINE、筆記、記錄、通知、封緘的書信、個人資訊
28	紳士	男性、男性的、戀人（男朋友）、男性友人、男子氣概、主動的
29	淑女	女性、女性的、戀人（女朋友）、女性友人、女人味、被動的
30	百合	純粹、性、清純、潔白、性慾、老練、老後、看護、自我犧牲、品格、性愛、志工
31	太陽	成功、走運、莫大的幸福、晉級、光榮、活力、能量、大贏、熱情、流年、運勢、男子氣概、頂尖
32	月亮	夢想、名聲、人氣、直覺、預感、感受性、才能、愛情故事、支持、靈機一動、浪漫、賀爾蒙平衡、靈感、深層心理
33	鑰匙	提示、解決方法、重點、安全性、幸運的關鍵、密碼、鎖定螢幕、契機、貞操觀念
34	魚	資產、金錢、豐穰、富有、財產、投資、擴大、性衝動、食慾、存款、收入、金錢觀
35	錨	穩定、安全安心、牢靠、工作、與社會連結、頑固、基礎、天職、冷靜、責任、固定
36	十字架	命運、宿命、使命、天命、啟示、重責、重擔、苦戰、心靈層面、信仰、天職、聖職人員、高次元

組合一覽表

將二張以上的雷諾曼卡組合起來解讀，稱作「組合解讀」。36張雷諾曼卡的雙卡組合便高達1,260種，搭配上關鍵詞後，將發展出無限可能的故事。本一覽表僅介紹極少部分的組合，請大家作為參考，試著去挑戰看看各式各樣的組合。

【1. 騎士】

幸運草	好運降臨的通知
船	來自國外的消息
房子	關於家人的喜訊
樹木	留意健康
雲	令人困惑的消息
蛇	惡耗
棺材	不好的預感
花束	驚喜的消息
鐮刀	注意交通事故
鞭子	令人震驚的消息
鳥	流言四起
孩童	關於孩子的消息
狐狸	假新聞
熊	來自上司的電子郵件或LINE
星星	靈光乍現
鸛鳥	懷孕或生產的消息、搬家或移轉的通知
狗	來自友人的消息
塔	政府機關寄來的郵件
庭園	派對邀請
山	來自外縣市的通知
道路	對方要求提出替代方案
老鼠	假新聞
愛心	認識對象的機會
戒指	緊急合約
書本	收到教材或書本
信件	收到快遞
紳士	男性菁英
淑女	精明幹練的女性
百合	色情訊息
太陽	晉升、升級的通知
月亮	直覺命中
鑰匙	關鍵人物登場
魚	收到獎金
錨	工作相關的情報
十字架	命中註定的相遇

【2. 幸運草】

騎士	意想不到的機會降臨
船	快樂的旅行
房子	幸福的家庭
樹木	身體狀況良好
雲	延遲享樂
蛇	鑽牛角尖的想法
棺材	徒勞無功的結果
花束	發生愉快的事情
鐮刀	做出最適合的決定
鞭子	小麻煩
鳥	開心談話
孩童	與孩子關係良好
狐狸	改變形象
熊	無話可說的地位
星星	備受矚目名氣響亮
鸛鳥	趨勢好轉
狗	友善的伙伴
塔	官方認證
庭園	交流範圍擴大
山	失去幸福
道路	機會到手
老鼠	發生令人氣餒的事
愛心	戀愛運上升
戒指	開心的約定
書本	讀書變得很快樂
信件	幸福的消息
紳士	個性開朗的男性
淑女	爽朗的女性
百合	快樂的老後生活
太陽	令人十分滿足的結果
月亮	靈光乍現
鑰匙	幸運的時刻
魚	走運
錨	優良的工作環境
十字架	小角色

【3. 船】

騎士	趁早出發旅行
幸運草	令人雀躍的挑戰
房子	家族國外旅行
樹木	長期抗戰
雲	打擊對方士氣
蛇	走錯一步
棺材	旅行的終點
花束	豪華遊輪之旅
鐮刀	挑戰中斷
鞭子	勇氣百倍
鳥	與外國人聊天
孩童	新挑戰
狐狸	旅行時受騙上當
熊	期望出人頭地
星星	朝著目標勇於挑戰
鸛鳥	外派國外
狗	與伙伴計畫去旅行
塔	員工旅遊
庭園	異文化交流
山	逐步克服難關
道路	開創道路
老鼠	暴風雨前的預兆

【4. 房子】

騎士	客人來訪
幸運草	平靜的生活
船	人生啟程
樹木	一家支柱
雲	家庭關係不睦
蛇	留意外敵入侵
棺材	無人接班
花束	感謝家人
鐮刀	向家人告別
鞭子	家庭暴力
鳥	首頁
孩童	新家人
狐狸	不動產詐騙
熊	老婆當家
星星	發明家
鸛鳥	搬家
狗	養寵物
塔	遵守傳統文化的家庭
庭園	家庭派對
山	留宿山中小屋
道路	自己的根
老鼠	闖空門
愛心	溫暖的家庭
戒指	租借合約
書本	家計簿
信件	寫給家人的信
紳士	擅長家事的男性
淑女	賢妻良母
百合	家世顯赫
太陽	全家安康
月亮	令人安心的家庭
鑰匙	家庭安全
魚	富裕的家庭
錨	穩固的基礎

十字架 ······ 問題很多的家庭

【5. 樹木】

騎士 ········ 關於保健的消息
幸運草 ······ 服用中藥或藥草
船 ·········· 療癒的旅行
房子 ········ 健全的家庭
雲 ·········· 持續身體不適
蛇 ·········· 受到誘惑
棺材 ········ 嚴重的疾病
花束 ········ 長壽的祝福
鐮刀 ········ 骨折
鞭子 ········ 喉嚨痛
鳥 ·········· 棲木
孩童 ········ 孩子生病
狐狸 ········ 實習醫生、實習生
熊 ·········· 落落大方的個性
星星 ········ 長期目標
鸛鳥 ········ 第二意見
狗 ·········· 寵物生病
塔 ·········· 住院健檢
庭園 ········ 植物園
山 ·········· 緩慢成長
道路 ········ 各式健康法
老鼠 ········ 感冒、感染症
愛心 ········ 心理疾病
戒指 ········ 長期合約
書本 ········ 醫學書
信件 ········ 診斷記錄、健康檢查
紳士 ········ 大器晚成型的男性
淑女 ········ 療癒系的女性
百合 ········ 老化導致的身體不適
太陽 ········ 未來充滿希望
月亮 ········ 病癒、康復
鑰匙 ········ 健康的祕訣
魚 ·········· 努力存錢
錨 ·········· 踏實地完成工作
十字架 ······ 永恆

【6. 雲】

騎士 ········ 發生問題
幸運草 ······ 失去幸福
船 ·········· 出發延遲
房子 ········ 無法溝通的家人
樹木 ········ 心情鬱悶
蛇 ·········· 隱藏起來的嫉妒心
棺材 ········ 無期限停止
花束 ········ 無法由衷開心起來
鐮刀 ········ 判斷力下降
鞭子 ········ 落入陷阱
鳥 ·········· 無法溝通
孩童 ········ 小孩的朋友但不認識其父母
狐狸 ········ 落入圈套

熊 ·········· 搞不清楚狀況的上司
星星 ········ 看不見希望
鸛鳥 ········ 完全沒有改善
狗 ·········· 與朋友失和
塔 ·········· 混亂的政治
庭園 ········ 聚會延期
山 ·········· 看不見終點
道路 ········ 迷路
老鼠 ········ 隱密的工作
愛心 ········ 充滿不信任感
戒指 ········ 不履行合約
書本 ········ 含混的知識
信件 ········ 傳錯電子郵件或LINE
紳士 ········ 負面思考的男性
淑女 ········ 情緒起伏激烈的女性
百合 ········ 不道德
太陽 ········ 失去動力
月亮 ········ 名聲的陰影
鑰匙 ········ 問題無法解決
魚 ·········· 用途不明的金額
錨 ·········· 感到懷疑
十字架 ······ 信念動搖

【7. 蛇】

騎士 ········ 殘酷的消息
幸運草 ······ 遺憾的結果
船 ·········· 魯莽的挑戰
房子 ········ 惡劣的環境
樹木 ········ 意志消沉
雲 ·········· 心情鬱悶
棺材 ········ 最終宣告
花束 ········ 對美麗感到嫉妒
鐮刀 ········ 擺脫執著
鞭子 ········ 開始吵架
鳥 ·········· 誹謗中傷
孩童 ········ 無意識的咒罵
狐狸 ········ 假比賽
熊 ·········· 婆婆與母親不和
星星 ········ 完成比賽
鸛鳥 ········ 競爭對手
狗 ·········· 壞朋友
塔 ·········· 黑心企業
庭園 ········ 不良團體
山 ·········· 前進方向受阻
道路 ········ 惱人的選擇
老鼠 ········ 無法管束
愛心 ········ 孽緣
戒指 ········ 黑市交易
書本 ········ 錯誤的知識
信件 ········ 恐嚇信
紳士 ········ 嫉妒心強的男性
淑女 ········ 抵擋不住誘惑的女性
百合 ········ 不檢點的關係

太陽 ········ 壞事曝光
月亮 ········ 敏銳的直覺力
鑰匙 ········ 警告訊息
魚 ·········· 賄賂、行賄
錨 ·········· 發生不祥的事情
十字架 ······ 墮落

【8. 棺材】

騎士 ········ 發生不祥的事情
幸運草 ······ 休息
船 ·········· 取消旅行
房子 ········ 令人窒息的家庭
樹木 ········ 病情惡化
雲 ·········· 完全停止
蛇 ·········· 負面循環
花束 ········ 引退
鐮刀 ········ 重新切割
鞭子 ········ 緊急事態
鳥 ·········· 不講理的客人
孩童 ········ 年幼時期的心理創傷
狐狸 ········ 權謀之術
熊 ·········· 權力衰退
星星 ········ 喪失目標
鸛鳥 ········ 強制離開
狗 ·········· 喪失信用
塔 ·········· 孤立
庭園 ········ 停止交流
山 ·········· 進退兩難
道路 ········ 喪失選擇權
老鼠 ········ 煩惱後遺症
愛心 ········ 失去愛情
戒指 ········ 合約結束
書本 ········ 完成學業
信件 ········ 訃聞
紳士 ········ 繼承家業的男性
淑女 ········ 被原生家庭束縛的女性
百合 ········ 安魂曲
太陽 ········ 活力減退
月亮 ········ 感到悲傷
鑰匙 ········ 走入迷宮
魚 ·········· 缺錢
錨 ·········· 斷絕關係
十字架 ······ 遇到大麻煩

【9.花束】

騎士 ········ 活動邀請
幸運草 ······ 熱鬧一場
船 ·········· 祝福展開新生活
房子 ········ 家人有好消息
樹木 ········ 出院
雲 ·········· 空歡喜
蛇 ·········· 敷衍的禮物
棺材 ········ 違背期待

207

鐮刀 ········ 修剪花木
鞭子 ········ 花粉症
鳥 ············ 離別祝福的話語
孩童 ········ 可愛的小孩
狐狸 ········ 華麗妝扮
熊 ············ 感謝母親
星星 ········ 獲得頭獎
鸛鳥 ········ 喬遷之喜
狗 ············ 送給朋友的禮物
塔 ············ 植物園
庭園 ········ 花園
山 ············ 禮物延遲送達
道路 ········ 光榮引退
老鼠 ········ 先下手為強
愛心 ········ 由衷感謝
戒指 ········ 花環
書本 ········ 壓花
信件 ········ 感謝狀
紳士 ········ 審美觀優異的男性
淑女 ········ 美麗的女性
百合 ········ 魅力四射
太陽 ········ 升遷之喜
月亮 ········ 神祕
鑰匙 ········ 審美意識提升
魚 ············ 加薪
錨 ············ 花匠
十字架 ····· 慈善事業

【10. 鐮刀】

騎士 ········ 空等
幸運草 ····· 收穫的機會
船 ············ 取消旅行
房子 ········ 婚內分居
樹木 ········ 外科手術
雲 ············ 完全無法做決定
蛇 ············ 走錯一步
棺材 ········ 突然告別
花束 ········ 幸福的決定
鞭子 ········ 身心俱疲
鳥 ············ 多餘的話
孩童 ········ 小孩受傷
狐狸 ········ 狡猾的決定
熊 ············ 與母親失和
星星 ········ 希望破滅
鸛鳥 ········ 突然的變化
狗 ············ 友情結束
塔 ············ 用法律解決
庭園 ········ 活動中止
山 ············ 判斷太慢
道路 ········ 喪失選擇權
老鼠 ········ 判斷錯誤
愛心 ········ 不愛了
戒指 ········ 毀婚

書本 ········ 學業中斷
信件 ········ 情報中斷
紳士 ········ 有決斷力的男性
淑女 ········ 講道理的女性
百合 ········ 真心被踐踏
太陽 ········ 在成功邊緣停下腳步
月亮 ········ 敏銳的直覺力
鑰匙 ········ 重要的決定
魚 ············ 收入中斷
錨 ············ 失業
十字架 ····· 負責任的判斷

【11. 鞭子】

騎士 ········ 配送出問題
幸運草 ····· 遭人戲弄
船 ············ 對抗驚濤駭浪
房子 ········ 嚴格家教
樹木 ········ 撞傷、扭傷
雲 ············ 酩酊大醉
蛇 ············ 頑固的騷擾行為
棺材 ········ 因過勞而倒下
花束 ········ 過度擔心
鐮刀 ········ 捲入紛爭
鳥 ············ 吵架
孩童 ········ 對小孩體罰
狐狸 ········ 悉心研擬對策
熊 ············ 職場霸凌
星星 ········ 憑直覺
鸛鳥 ········ 國際紛爭的新聞
狗 ············ 與朋友起口角
塔 ············ 被公司冷凍
庭園 ········ 團隊失和
山 ············ 忍受痛苦
道路 ········ 充滿荊棘的路
老鼠 ········ 吵架輸了
愛心 ········ 痛心
戒指 ········ 合約的問題
書本 ········ 遭到勒索的祕密
信件 ········ 收到投訴
紳士 ········ 愛批判的男性
淑女 ········ 性情乖僻的女性
百合 ········ 道德觀念有落差
太陽 ········ 態度霸道
月亮 ········ 情緒不穩定
鑰匙 ········ 機密事項
魚 ············ 金錢糾紛
錨 ············ 胡亂安排的工作量
十字架 ····· 無法擺脫心靈創傷

【12. 鳥】

騎士 ········ 謠言紛飛
幸運草 ····· 令人雀躍的音樂
船 ············ 與國外溝通

房子 ········ 家人的閒話
樹木 ········ 健康相關的情報
雲 ············ 出處不明的謠言
蛇 ············ 負評流傳
棺材 ········ 保持沉默
花束 ········ 收到感謝的話
鐮刀 ········ 意見分歧
鞭子 ········ 議論紛紛
孩童 ········ 來自學校的通知
狐狸 ········ 謊話連篇
熊 ············ 來自上司的指示
星星 ········ 天文資訊
鸛鳥 ········ 懷孕、生產情報
狗 ············ 群組聊天
塔 ············ 電視台
庭園 ········ 音樂會現場
山 ············ 對交流不感興趣
道路 ········ 塞車情報
老鼠 ········ 流行性疾病
愛心 ········ 愛情故事
戒指 ········ 口頭約定
書本 ········ 線上講座
信件 ········ 社群媒體、Open Chat
紳士 ········ 能說善道的男性
淑女 ········ 見多識廣的女性
百合 ········ 性愛謠言
太陽 ········ 好消息
月亮 ········ 浪漫的對話
鑰匙 ········ 談話的重點
魚 ············ 討論金錢的話題
錨 ············ 徵人啟示
十字架 ····· 生涯諮詢

【13. 孩童】

騎士 ········ 結識年輕的男性
幸運草 ····· 新機會
船 ············ 戶外教學
房子 ········ 有孩子的家庭
樹木 ········ 健康優秀的孩子
雲 ············ 新的不安
蛇 ············ 小吃醋
棺材 ········ 孩子閉門不出
花束 ········ 祝賀入學、畢業
鐮刀 ········ 孩子受傷
鞭子 ········ 脾氣暴躁的孩子
鳥 ············ 合唱比賽
狐狸 ········ 新的疑惑
熊 ············ 新上司
星星 ········ 孩子的才能
鸛鳥 ········ 轉學、轉班
狗 ············ 新朋友
塔 ············ 幼稚園、小學、中學
庭園 ········ 兒童派對

山 ──── 設定新目標
道路 ──── 站在起點
老鼠 ──── 小失誤
愛心 ──── 回歸童心
戒指 ──── 與未婚夫結婚
書本 ──── 兒童書籍
信件 ──── 提交出生證明
紳士 ──── 單純的男性
淑女 ──── 少女心的女性
百合 ──── 純潔無瑕
太陽 ──── 有前途的小孩
月亮 ──── 敏感的孩子
鑰匙 ──── 鑰匙兒童
魚 ──── 零用錢
錨 ──── 新生意
十字架 ──── 新考驗

【14. 狐狸】

騎士 ──── 假消息
幸運草 ──── 作戰勝利
船 ──── 旅行時被詐騙
房子 ──── 親戚遭詐騙
樹木 ──── 藥劑師
雲 ──── 偷偷做壞事
蛇 ──── 組織犯罪
棺材 ──── 隱藏謊言
花束 ──── 美容相關人員
鐮刀 ──── 危險的作戰
鞭子 ──── 臥底行動
鳥 ──── 系統工程師
孩童 ──── 動歪腦筋的小孩
熊 ──── 處世精明的上司
星星 ──── 演員
鸛鳥 ──── 表面上的改善
狗 ──── 切磋琢磨
塔 ──── 年輕政治家
庭園 ──── 誤導公眾
山 ──── 伺機而動
道路 ──── 尋找出路
老鼠 ──── 遭詐欺而損失
愛心 ──── 被人洗腦
戒指 ──── 結婚詐欺
書本 ──── 專業書籍
信件 ──── 詐欺郵件
紳士 ──── 愛說謊的男性
淑女 ──── 狡猾的女性
百合 ──── 熟練的技巧
太陽 ──── 變身、改變形象
月亮 ──── 被害妄想
鑰匙 ──── 登錄失敗
魚 ──── 被騙錢
錨 ──── 詐欺的工作
十字架 ──── 信口開河

【15. 熊】

騎士 ──── 負責人的命令
幸運草 ──── 得到支持
船 ──── 登台挑戰
房子 ──── 一家之柱出人頭地
樹木 ──── 醫生、教授
雲 ──── 沒有能夠依賴的人
蛇 ──── 靠權力壓制
棺材 ──── 喪失母性
花束 ──── 孝順父母
鐮刀 ──── 獨斷獨行
鞭子 ──── 以暴力掌控一切
鳥 ──── 大聲歌唱
孩童 ──── 感情很好的親子
狐狸 ──── 有影響力的人
星星 ──── 值得尊敬的人
鸛鳥 ──── 脫離父母獨立
狗 ──── 上司與下屬的關係
塔 ──── 政治家、官僚
庭園 ──── 活動主辦方
山 ──── 征服頂峰
道路 ──── 成功之路
老鼠 ──── 喪失權力
愛心 ──── 親情深重
戒指 ──── 與父母的約定
書本 ──── 豐富的知識
信件 ──── 母親捎來的信
紳士 ──── 有包容力的男性
淑女 ──── 母性堅強的女性
百合 ──── 退休後的計畫
太陽 ──── 受上司提拔
月亮 ──── 來自外界的壓力
鑰匙 ──── 重要人物
魚 ──── 父母的財力
錨 ──── 穩定的工作
十字架 ──── 責任重大

【16. 星星】

騎士 ──── 得到獎賞
幸運草 ──── 幸運機會
船 ──── 朝向目標勇於挑戰
房子 ──── 家族的希望
樹木 ──── 長期的計畫
雲 ──── 受到挫折
蛇 ──── 奇特的品味
棺材 ──── 失去希望
花束 ──── 獲得表揚
鐮刀 ──── 心情低落
鞭子 ──── 靈光一閃
鳥 ──── 百萬熱銷
孩童 ──── 新才能
狐狸 ──── 頂尖美容師
熊 ──── 崇拜的上司

鸛鳥 ──── 榮升
狗 ──── 人氣王
塔 ──── 高樓大廈
庭園 ──── 慶祝會
山 ──── 崇高的目標
道路 ──── 決定未來的方向
老鼠 ──── 評價不佳
愛心 ──── 戀愛成功
戒指 ──── 獲得提名
書本 ──── 占卜術的專業書籍
信件 ──── 粉絲來信
紳士 ──── 受歡迎的男性
淑女 ──── 時髦的女性
百合 ──── 勇退
太陽 ──── 出類拔萃的才能
月亮 ──── 先見之明
鑰匙 ──── 想到進攻策略
魚 ──── 中獎
錨 ──── 憧憬的工作
十字架 ──── 人氣王才有的煩惱

【17. 鸛鳥】

騎士 ──── 寄出搬家通知
幸運草 ──── 開心的發展
船 ──── 國外旅行
房子 ──── 調職
樹木 ──── 身體健康的變化
雲 ──── 不合適的變更
蛇 ──── 復甦
棺材 ──── 過渡期結束
花束 ──── 有利的移動
鐮刀 ──── 動彈不得
鞭子 ──── 緊急轉換方針
鳥 ──── 懷孕的傳聞
孩童 ──── 轉學生
狐狸 ──── 奠定基礎的移動
熊 ──── 革新高層管理人員
星星 ──── 立場轉變
狗 ──── 伙伴換人
塔 ──── 政權轉變
庭園 ──── 遠征
山 ──── 跨縣市移動
道路 ──── 人生轉換期
老鼠 ──── 修改失敗
愛心 ──── 改變想法
戒指 ──── 與外國企業簽約
書本 ──── 外國雜誌
信件 ──── 從外國訂購
紳士 ──── 有世界觀的男性
淑女 ──── 語言能力佳的女性
百合 ──── 照顧父母
太陽 ──── 活躍
月亮 ──── 感性的變化

鑰匙 ········· 變更密碼
魚 ············· 更改銀行
錨 ············· 全球化經營
十字架 ····· 改變信仰

【18. 狗】
騎士 ········· 可靠的消息
幸運草 ····· 相知的朋友
船 ············· 外國的朋友
房子 ········· 看門狗、寵物
樹木 ········· 寵物生病
雲 ············· 陰沉的人
蛇 ············· 朋友的背叛
棺材 ········· 和朋友斷絕往來
花束 ········· 感謝伙伴
鐮刀 ········· 和朋友絕交
鞭子 ········· 爭強好勝
鳥 ············· 朋友送的禮物
孩童 ········· 新朋友
狐狸 ········· 不好應付的對手
熊 ············· 主從關係
星星 ········· 與伙伴合作贏得勝利
鶴鳥 ········· 變更團隊
塔 ············· 動物醫院
庭園 ········· 社團活動
山 ············· 遠方的友人
道路 ········· 與伙伴一同前進
老鼠 ········· 失去信任
愛心 ········· 彼此確認友情
戒指 ········· 和伙伴約定
書本 ········· 同班同學
信件 ········· 來自友人的消息
紳士 ········· 友善的男性
淑女 ········· 值得信賴的女性
百合 ········· 強烈的忠誠心
太陽 ········· 精力充沛的朋友
月亮 ········· 直覺敏銳的同事
鑰匙 ········· 值得信賴的保全
魚 ············· 金錢方面的支持
錨 ············· 同心協力的同事
十字架 ····· 靈魂伴侶

【19. 塔】
騎士 ········· 公司打來的電話
幸運草 ····· 獲得權威人士背書
船 ············· 當局者迷
房子 ········· 當地的習慣
樹木 ········· 療養院
雲 ············· 模糊的規則
蛇 ············· 敵對勢力
棺材 ········· 腐敗的政治
花束 ········· 百貨公司
鐮刀 ········· 失職

鞭子 ········· 遭受刑罰
鳥 ············· 主播
孩童 ········· 新大樓
狐狸 ········· 研究設施
熊 ············· 專家會議
星星 ········· 手機基地台、Wi-Fi
鶴鳥 ········· 婦產科
狗 ············· 創業伙伴
庭園 ········· 觀光設施
山 ············· 抵禦外敵
道路 ········· 公司的方針
老鼠 ········· 管理不善
愛心 ········· 傳統的愛情觀
戒指 ········· 婚禮會場
書本 ········· 法律書籍
信件 ········· 官方文件
紳士 ········· 保守的男性
淑女 ········· 防禦性高的女性
百合 ········· 看護設施
太陽 ········· 大企業
月亮 ········· 受歡迎的商業設施
鑰匙 ········· 機密事項
魚 ············· 證券交易所
錨 ············· 穩定的政治
十字架 ····· 教會、宗教設施

【20. 庭園】
騎士 ········· 好評口耳相傳
幸運草 ····· 活力十足的場所
船 ············· 與外國人交流的場合
房子 ········· 園藝
樹木 ········· 森林公園
雲 ············· 活動舉辦日延期
蛇 ············· 集體霸凌
棺材 ········· 閉幕演出
花束 ········· 賞花、祭典
鐮刀 ········· 活動中止
鞭子 ········· 社團內的紛爭
鳥 ············· 戶外活動
孩童 ········· 兒童公園
狐狸 ········· 專家團體
熊 ············· 知名人士的演講
星星 ········· 偶像的演唱會
鶴鳥 ········· 舉辦派對
狗 ············· 與朋友聚會
塔 ············· 通風的工作場所
山 ············· 營地
道路 ········· 散行路線
老鼠 ········· 群聚感染
愛心 ········· 心動的約會
戒指 ········· 未婚聯誼派對
書本 ········· 戶外教學
信件 ········· 派對的邀請卡

紳士 ········· 善於社交的男性
淑女 ········· 喜歡參加活動的女性
百合 ········· 老人會
太陽 ········· 一躍成名
月亮 ········· 夜間派對、晚會
鑰匙 ········· 組織的管理者
魚 ············· 交際費增加
錨 ············· 公司聚餐喝酒
十字架 ····· 鎮魂會

【21. 山】
騎士 ········· 聯絡延遲
幸運草 ····· 忽略幸福
船 ············· 跨越縣境或國境
房子 ········· 景色絕佳的房子
樹木 ········· 相互支持
雲 ············· 難以實現
蛇 ············· 心理衝突
棺材 ········· 走路無路
花束 ········· 觀光遊覽
鐮刀 ········· 決議事項堆積如山
鞭子 ········· 忍受修行
鳥 ············· 沒有訊號
孩童 ········· 幼稚的目標
狐狸 ········· 成績不理想
熊 ············· 無法獲得援助
星星 ········· 精神高度
鶴鳥 ········· 超越
狗 ············· 被伙伴孤立
塔 ············· 頑固到底
庭園 ········· 野外體育活動
道路 ········· 困難之路
老鼠 ········· 喪失動力
愛心 ········· 變得有氣無力
戒指 ········· 繼承土地
書本 ········· 努力學習
信件 ········· 無法取得聯繫
紳士 ········· 自我要求嚴格的男性
淑女 ········· 信念堅定的女性
百合 ········· 隱居生活
太陽 ········· 辛苦有所回報
月亮 ········· 焦慮
鑰匙 ········· 掌握實權
魚 ············· 逾期付款
錨 ············· 死板
十字架 ····· 崇高的地方

【22. 道路】
騎士 ········· 探路
幸運草 ····· 正確的選擇
船 ············· 高速公路
房子 ········· 賦歸
樹木 ········· 擔心治療方式

210

雲 ┄┄┄┄┄ 優柔寡斷
蛇 ┄┄┄┄┄ 錯誤的道路
棺材 ┄┄┄┄┄ 死路
花束 ┄┄┄┄┄ 有始有終
鐮刀 ┄┄┄┄┄ 施工現場
鞭子 ┄┄┄┄┄ 試煉之路
鳥 ┄┄┄┄┄ 接連出現不同意見
孩童 ┄┄┄┄┄ 上學路線
狐狸 ┄┄┄┄┄ 聰明的選擇
熊 ┄┄┄┄┄ 權力分散
星星 ┄┄┄┄┄ 設定目標
鸛鳥 ┄┄┄┄┄ 飛機跑道
狗 ┄┄┄┄┄ 信任和選擇
塔 ┄┄┄┄┄ 公司沿革
庭園 ┄┄┄┄┄ 在庭園散步
山 ┄┄┄┄┄ 險峻之路
老鼠 ┄┄┄┄┄ 高風險的選擇
愛心 ┄┄┄┄┄ 三心二意
戒指 ┄┄┄┄┄ 多重合約
書本 ┄┄┄┄┄ 地圖、路線圖
信件 ┄┄┄┄┄ 指南
紳士 ┄┄┄┄┄ 懂得規畫人生的男性
淑女 ┄┄┄┄┄ 有道德觀念的女性
百合 ┄┄┄┄┄ 選擇平和之路
太陽 ┄┄┄┄┄ 步上康莊大道
月亮 ┄┄┄┄┄ 視心情決定
鑰匙 ┄┄┄┄┄ 重要的選擇
魚 ┄┄┄┄┄ 多重收入來源
錨 ┄┄┄┄┄ 副業
十字架 ┄┄┄┄┄ 困難的選擇

【23. 老鼠】

騎士 ┄┄┄┄┄ 傳染感冒
幸運草 ┄┄┄┄┄ 小失誤
船 ┄┄┄┄┄ 計畫被搶走
房子 ┄┄┄┄┄ 留意闖空門
樹木 ┄┄┄┄┄ 無法消除疲勞
雲 ┄┄┄┄┄ 找不到遺失物
蛇 ┄┄┄┄┄ 最壞的情況
棺材 ┄┄┄┄┄ 失去耐性
花束 ┄┄┄┄┄ 遭人利用
鐮刀 ┄┄┄┄┄ 遲到、記錯時間
鞭子 ┄┄┄┄┄ 造反
鳥 ┄┄┄┄┄ 遭人竊聽
孩童 ┄┄┄┄┄ 兒童流行病
狐狸 ┄┄┄┄┄ 上當受騙
熊 ┄┄┄┄┄ 權威盡失
星星 ┄┄┄┄┄ 降級
鸛鳥 ┄┄┄┄┄ 失去立場
狗 ┄┄┄┄┄ 失去信賴
塔 ┄┄┄┄┄ 商業間諜
庭園 ┄┄┄┄┄ 聲名狼藉
山 ┄┄┄┄┄ 聚沙成塔

道路 ┄┄┄┄┄ 做出危險的選擇
愛心 ┄┄┄┄┄ 一見鍾情
戒指 ┄┄┄┄┄ 投標失敗
書本 ┄┄┄┄┄ 失去學習動力
信件 ┄┄┄┄┄ 遺失文件
紳士 ┄┄┄┄┄ 忠誠的男性
淑女 ┄┄┄┄┄ 運籌帷幄的女性
百合 ┄┄┄┄┄ 不乾淨、骯髒的狀態
太陽 ┄┄┄┄┄ 一口氣增加
月亮 ┄┄┄┄┄ 精神不穩定
鑰匙 ┄┄┄┄┄ 失去王牌
魚 ┄┄┄┄┄ 金錢損失
錨 ┄┄┄┄┄ 工作疏失
十字架 ┄┄┄┄┄ 損失接二連三

【24. 愛心】

騎士 ┄┄┄┄┄ 愛的預感
幸運草 ┄┄┄┄┄ 發生令人雀躍的事情
船 ┄┄┄┄┄ 郵輪約會
房子 ┄┄┄┄┄ 充滿愛的家庭
樹木 ┄┄┄┄┄ 心理疾病
雲 ┄┄┄┄┄ 失去動力
蛇 ┄┄┄┄┄ 不道德的想法
棺材 ┄┄┄┄┄ 戀情告終
花束 ┄┄┄┄┄ 由衷感謝
鐮刀 ┄┄┄┄┄ 失戀
鞭子 ┄┄┄┄┄ 嚴重的心悸
鳥 ┄┄┄┄┄ 戀愛傳聞
孩童 ┄┄┄┄┄ 新戀情
狐狸 ┄┄┄┄┄ 利用戀慕之心
熊 ┄┄┄┄┄ 過度保護的父母
星星 ┄┄┄┄┄ 瘋狂的粉絲
鸛鳥 ┄┄┄┄┄ 變心
狗 ┄┄┄┄┄ 由衷信任
塔 ┄┄┄┄┄ 社會福利機構
庭園 ┄┄┄┄┄ 粉絲俱樂部
山 ┄┄┄┄┄ 想法無法傳達
道路 ┄┄┄┄┄ 跟隨自己的心前進
老鼠 ┄┄┄┄┄ 著迷
戒指 ┄┄┄┄┄ 求婚
書本 ┄┄┄┄┄ 愛情小說
信件 ┄┄┄┄┄ 情書
紳士 ┄┄┄┄┄ 熱情的男性
淑女 ┄┄┄┄┄ 體貼的女性
百合 ┄┄┄┄┄ 志工活動
太陽 ┄┄┄┄┄ 熱情
月亮 ┄┄┄┄┄ 浪漫的戀情
鑰匙 ┄┄┄┄┄ 愛情的主導權
魚 ┄┄┄┄┄ 多愁善感
錨 ┄┄┄┄┄ 對工作傾注熱情
十字架 ┄┄┄┄┄ 博愛精神

【25. 戒指】

騎士 ┄┄┄┄┄ 婚期將近
幸運草 ┄┄┄┄┄ 快樂的約定
船 ┄┄┄┄┄ 國際婚姻
房子 ┄┄┄┄┄ 飾品店
樹木 ┄┄┄┄┄ 預約醫院
雲 ┄┄┄┄┄ 無法取得同意
蛇 ┄┄┄┄┄ 不倫或外遇
棺材 ┄┄┄┄┄ 悔婚
花束 ┄┄┄┄┄ 華麗的飾品
鐮刀 ┄┄┄┄┄ 合約結束
鞭子 ┄┄┄┄┄ 被人束縛
鳥 ┄┄┄┄┄ 相親故事
孩童 ┄┄┄┄┄ 新合約
狐狸 ┄┄┄┄┄ 無法認同的協定
熊 ┄┄┄┄┄ 強大的凝聚力
星星 ┄┄┄┄┄ 贏得比賽
鸛鳥 ┄┄┄┄┄ 預約機位
狗 ┄┄┄┄┄ 友情
塔 ┄┄┄┄┄ 受規則約束
庭園 ┄┄┄┄┄ 全體一致
山 ┄┄┄┄┄ 婚期延遲
道路 ┄┄┄┄┄ 重複預約
老鼠 ┄┄┄┄┄ 遺失飾品
愛心 ┄┄┄┄┄ 妥協
書本 ┄┄┄┄┄ 委託出版
信件 ┄┄┄┄┄ 合約文件
紳士 ┄┄┄┄┄ 重視禮節的男性
淑女 ┄┄┄┄┄ 打扮華麗的女性
百合 ┄┄┄┄┄ 熟年結婚
太陽 ┄┄┄┄┄ 保證成功
月亮 ┄┄┄┄┄ 精神上的聯繫
鑰匙 ┄┄┄┄┄ 動機
魚 ┄┄┄┄┄ 與金錢有關的合約
錨 ┄┄┄┄┄ 工作委託
十字架 ┄┄┄┄┄ 轉世投胎

【26. 書本】

騎士 ┄┄┄┄┄ 得知機密事項
幸運草 ┄┄┄┄┄ 小小的發現
船 ┄┄┄┄┄ 旅行雜誌
房子 ┄┄┄┄┄ 博學多聞的家人
樹木 ┄┄┄┄┄ 研究歷史學
雲 ┄┄┄┄┄ 隱藏祕密
蛇 ┄┄┄┄┄ 神祕雜誌
棺材 ┄┄┄┄┄ 鬼故事
花束 ┄┄┄┄┄ 插花指南
鐮刀 ┄┄┄┄┄ 農業專業雜誌
鞭子 ┄┄┄┄┄ 臨近截止日期
鳥 ┄┄┄┄┄ 情報雜誌
孩童 ┄┄┄┄┄ 育兒書籍
狐狸 ┄┄┄┄┄ 角色扮演專業書籍
熊 ┄┄┄┄┄ 偉人傳記

星星 ········· 占卜解說書籍
鸛鳥 ········· 語言留學
狗 ·········· 動物圖鑑
塔 ·········· 圖書館
庭園 ········· 研究會
山 ·········· 困難的課題
道路 ········· 學術探討
老鼠 ········· 祕傳書籍
愛心 ········· 隱藏戀慕之情
戒指 ········· 同居關係
信件 ········· 讀書心得感想
紳士 ········· 熱衷學習的男性
淑女 ········· 技能高超的女性
百合 ········· 看護記錄
太陽 ········· 研究獲得高度評價
月亮 ········· 哲學、心理學
鑰匙 ········· 禁止對外洩露
魚 ·········· 投資的知識
錨 ·········· 企業祕密
十字架 ······ 聖經、心靈書籍

【27. 信件】
騎士 ········· 郵差
幸運草 ······ 抽籤
船 ·········· 船票
房子 ········· 家譜
樹木 ········· 診斷記錄、診斷結果
雲 ·········· 溝通延遲
蛇 ·········· 騷擾信件
棺材 ········· 訃文
花束 ········· 傳送祝福的訊息
鐮刀 ········· 被人封鎖
鞭子 ········· 收到催收函
鳥 ·········· 社群媒體的訊息通知
孩童 ········· 小孩提供的情報
狐狸 ········· 偽造的文書
熊 ·········· 母親的來信
星星 ········· 收到推薦信
鸛鳥 ········· 搬遷通知
狗 ·········· 招待朋友
塔 ·········· 傳閱資料
庭園 ········· 演唱會門票
山 ·········· 山區開放情報
道路 ········· 地圖、路線圖
老鼠 ········· 宅配物遭竊
愛心 ········· 鼓勵的信件
戒指 ········· 寶石鑑定書
書本 ········· 讀書記錄
紳士 ········· 勤於執筆的男性
淑女 ········· 見多識廣的女性
百合 ········· 年長者提供的情報
太陽 ········· 熱情的文章

月亮 ········· 感動人心的詩
鑰匙 ········· 重要文件
魚 ·········· 存摺
錨 ·········· 商業文件、信紙
十字架 ······ 贖罪券

【30. 百合】
騎士 ········· 高齡者講習會通知
幸運草 ······ 性愛的喜悅
船 ·········· 退出第一線
房子 ········· 照顧家人
樹木 ········· 護理師、護理員
雲 ·········· 不道德、不誠實
蛇 ·········· 邪惡的想法
棺材 ········· 悄悄閉幕
花束 ········· 調香師、芳香療法
鐮刀 ········· 潔癖症
鞭子 ········· 愛管閒事
鳥 ·········· 性愛傳聞
孩童 ········· 單純的小孩
狐狸 ········· 老騙子
熊 ·········· 熟練的技巧
星星 ········· 獲頒勳章
鸛鳥 ········· 隱居生活
狗 ·········· 老盟友
塔 ·········· 老人公寓
庭園 ········· 歷史久遠的庭園
山 ·········· 威風凜凜
道路 ········· 和平解決
老鼠 ········· 失去尊嚴
愛心 ········· 柏拉圖式的愛情
戒指 ········· 名牌飾品
書本 ········· 自傳、傳記
信件 ········· 祖父母的信
紳士 ········· 經驗豐富的男性
淑女 ········· 奮不顧身的女性
太陽 ········· 大器晚成
月亮 ········· 芬芳優雅
鑰匙 ········· 堅守貞操
魚 ·········· 著魔
錨 ·········· 高道德標準
十字架 ······ 復興

【31. 太陽】
騎士 ········· 勝利的通知
幸運草 ······ 取得巨大成功
船 ·········· 萬事順利
房子 ········· 衣錦還鄉
樹木 ········· 取得好成績
雲 ·········· 對未來感到不安
蛇 ·········· 嫉妒心膨脹
棺材 ········· 克服悲傷
花束 ········· 享受掌聲

鐮刀 ········· 大豐收
鞭子 ········· 熱情如火
鳥 ·········· 聲名遠播
孩童 ········· 紅人
狐狸 ········· 澈底變身
熊 ·········· 擁有權力
星星 ········· 備受矚目
鸛鳥 ········· 大突破
狗 ·········· 強力伙伴
塔 ·········· 舒適的工作場所
庭園 ········· 活躍於全世界
山 ·········· 達成目標
道路 ········· 被人放大檢視
老鼠 ········· 人氣爆棚
愛心 ········· 想法被人理解
戒指 ········· 能用有利條件簽約
書本 ········· 爆料書
信件 ········· 合格通知
紳士 ········· 成功的男性
淑女 ········· 積極的女性
百合 ········· 堅守傳統
月亮 ········· 知名度上升
鑰匙 ········· 學會必勝法則
魚 ·········· 獲得巨款
錨 ·········· 在工作上展現極佳成果
十字架 ······ 面臨衰退

【32. 月亮】
騎士 ········· 合作者來訪
幸運草 ······ 想到好點子
船 ·········· 晚上啟程
房子 ········· 藝術家
樹木 ········· 精神治療
雲 ·········· 心情憂鬱
蛇 ·········· 心靈能力
棺材 ········· 被失落感折磨
花束 ········· 開心的預感
鐮刀 ········· 生理痛、生理不順
鞭子 ········· 變得歇斯底里
鳥 ·········· 人氣歌手
孩童 ········· 感情豐富的孩子
狐狸 ········· 妄想膨脹
熊 ·········· 無名英雄
星星 ········· 贏得名聲
鸛鳥 ········· 夜間飛行
狗 ·········· 心理諮商師
塔 ·········· 娛樂產業
庭園 ········· 網友見面會、粉絲聚會
山 ·········· 有心無力
道路 ········· 走上死路
老鼠 ········· 變得神經質
愛心 ········· 陶醉在愛情當中
戒指 ········· 精神上的聯繫

書本 ………… 人氣作家
信件 ………… 月度報告
紳士 ………… 浪漫的男性
淑女 ………… 有魅力的女性
百合 ………… 性感特徵
太陽 ………… 立功
鑰匙 ………… 受人歡迎
魚 …………… 豐富的創造力
錨 …………… 創意十足的工作
十字架 ……… 想不到好點子

【33. 鑰匙】

騎士 ………… 重要人物登場
幸運草 ……… 機會提示
船 …………… 自我發現之旅
房子 ………… 購屋
樹木 ………… 長壽的祕訣
雲 …………… 找不到頭緒
蛇 …………… 聰明女性的忠告
棺材 ………… 埋葬依依不捨的心情
花束 ………… 想到妙計
鐮刀 ………… 找到突破關鍵
鞭子 ………… 輕率的行為
鳥 …………… 談話中的提示
孩童 ………… 接班人、嫡子
狐狸 ………… 想到奇策
熊 …………… 強大的贊助商
星星 ………… 取得勝利的手法
鸛鳥 ………… 改革的關鍵人物
狗 …………… 誠實最重要
塔 …………… 最高機密
庭園 ………… 參加條件
山 …………… 想到突破方法
道路 ………… 重要的選擇
老鼠 ………… 喪失解決方案
愛心 ………… 封閉內心
戒指 ………… 緊緊上鎖
書本 ………… 守護隱私
信件 ………… 重要訊息
紳士 ………… 值得信賴的男性
淑女 ………… 保守的女性
百合 ………… 貞操觀念強
太陽 ………… 成功的開端
月亮 ………… 隱藏的才能
魚 …………… 管緊荷包
錨 …………… 資金管理工作
十字架 ……… 發生命中註定的事

【34. 魚】

騎士 ………… 得到特別報酬
幸運草 ……… 預料之外的收入
船 …………… 對自己的投資
房子 ………… 不動產投資

樹木 ………… 長期定存
雲 …………… 浪費
蛇 …………… 對金錢很固執
棺材 ………… 失去財產
花束 ………… 紅包
鐮刀 ………… 未入款
鞭子 ………… 金錢問題
鳥 …………… 出資討論
孩童 ………… 賺點小錢
狐狸 ………… 投資詐騙
熊 …………… 父母援助的錢
星星 ………… 期待收入增加
鸛鳥 ………… 投資外國企業
狗 …………… 共同出資
塔 …………… 繳稅
庭園 ………… 活動參加費
山 …………… 提高收費
道路 ………… 流通管道
老鼠 ………… 降低生活水準
愛心 ………… 以錢為目的的戀愛
戒指 ………… 高級飾品
書本 ………… 投資的知識
信件 ………… 收據、發票
紳士 ………… 資產階級的男性
淑女 ………… 運籌帷幄的女性
百合 ………… 老後的資金
太陽 ………… 驚人的成功
月亮 ………… 副業成功
鑰匙 ………… 確保收入來源
錨 …………… 穩定的收入
十字架 ……… 負債

【35. 錨】

騎士 ………… 工作相關的通報
幸運草 ……… 充實的每一天
船 …………… 準備齊全
房子 ………… 繼承家業
樹木 ………… 身體狀況穩定
雲 …………… 看不到目標
蛇 …………… 發生不祥之事
棺材 ………… 停職
花束 ………… 提升業績
鐮刀 ………… 斷絕關係
鞭子 ………… 過勞
鳥 …………… 電子商務
孩童 ………… 育嬰假
狐狸 ………… 美容業界
熊 …………… 值得信賴的負責人
星星 ………… 特色業務
鸛鳥 ………… 求職網站
狗 …………… 值得信任的公司
塔 …………… 錄用條件
庭園 ………… 求職活動講座

山 …………… 求職冰河期
道路 ………… 選擇穩定的工作
老鼠 ………… 商業創意遭竊
愛心 ………… 對工作的熱情
戒指 ………… 安全保障
書本 ………… 求職雜誌
信件 ………… 公司內部文件
紳士 ………… 可靠的男性
淑女 ………… 責任感重的女性
百合 ………… 歷史悠久的公司
太陽 ………… 業績冠軍
月亮 ………… 設計師品牌
鑰匙 ………… 高強度密碼
魚 …………… 業績上升
十字架 ……… 堅定的決心

【36. 十字架】

騎士 ………… 命中註定的邂逅
幸運草 ……… 十字架的魅力
船 …………… 面對難關
房子 ………… 無法解決的家族問題
樹木 ………… 罹患慢性病
雲 …………… 無法消除的不安
蛇 …………… 內心嫉妒
棺材 ………… 極度悲傷
花束 ………… 獻上供品
鐮刀 ………… 痛苦的決定
鞭子 ………… 嚴厲的懲罰
鳥 …………… 聖歌、鎮魂歌
孩童 ………… 孩子的不安
狐狸 ………… 落入相同的手法
熊 …………… 權力亂用
星星 ………… 沉迷宗教
鸛鳥 ………… 改變命運
狗 …………… 同甘共苦的關係
塔 …………… 宗教設施
庭園 ………… 能量景點
山 …………… 山岳信仰
道路 ………… 命運的岔路
老鼠 ………… 喪失信仰
愛心 ………… 命中註定的愛情
戒指 ………… 教堂婚禮
書本 ………… 宗教學的書籍
信件 ………… 憂鬱的訊息
紳士 ………… 虔誠的男性
淑女 ………… 死心眼的女性
百合 ………… 留下遺憾
太陽 ………… 領導者的煩惱
月亮 ………… 靈感枯竭
鑰匙 ………… 開創命運
魚 …………… 許多苦難
錨 …………… 找到天職

占卜分類	內容	主題牌	具體的問卜內容
【愛情】	所有戀愛問題	愛心	戀愛的機會、愛情運、何時會談戀愛
	邂逅	騎士	認識新對象的機會、何時會遇到新對象、邂逅的可能性
	結婚	戒指	結婚的煩惱、關於結婚的問題、何時能步入禮堂、關於單身聯誼活動的問題
【工作】	所有工作問題	錨	工作的煩惱、關於目前工作的問題、今後的工作運、如何面對工作
	職場、公司	塔	職場、公司裡的煩惱、在公司的待遇及立場、新職場或新公司的環境
	工作	船	自由業工作的煩惱、打工或兼職的煩惱

占卜分類	內容	主題牌	具體的問卜內容
【金錢、資產】	所有與金錢相關的問題	魚	關於財運、收入支出、薪水、投資、資產的問題
	繼承	棺材	遺產繼承、生前贈與
	不動產	房子	購買不動產、投資不動產
【人際關係】	特定的男性	紳士	與丈夫、男朋友、男性友人、在意的男性合不合來的問題以及對方的心情
	特定的女性	淑女	與妻子、女朋友、女性友人、在意的女性合不合來的問題以及對方的心情
	孩童	孩童	自己孩子的煩惱以及彼此之間的關係、與孩子相關的事情

占卜分類	內容	主題牌	具體的問卜內容
【人際關係】	朋友、同事、伙伴	狗	朋友之間的煩惱、不知道朋友有什麼想法、關於職場同事的煩惱、不知道同事有什麼想法、社團及團體活動等伙伴之間的相關煩惱
	上司	熊	關於上司的煩惱、和上司相處的方式、來自上司的評價
	父母、老家	房子	與自己父母之間的關係、關於老家及父母的煩惱、關於公婆與公婆家親戚的煩惱、關於親戚之間的煩惱
	愛人、競爭對手	蛇	外遇對象的妻子或丈夫、愛情競爭對手、工作競爭對手、不好相處的對象
【其他】	交流	鳥	社群媒體、社交、活動或集會
	學校	塔	學校裡的煩惱、學校生活、校規

占卜分類	內容	主題牌	具體的問卜內容
【其他】	學習、資格	書本	關於學習及資格、關於自我提升、專業知識的學習
	照護、看護	百合	照護、看護的問題
	健康	樹木	健康運、健康方面必須留意的事情
	運勢	太陽	今年的運勢、本月的運勢、本週的運勢
	寵物	狗	寵物的煩惱、寵物的心情、自己與寵物的相適性
	旅行	船	旅行運、去旅行時發生的事情

影印下來
使用！

雷諾曼卡　Reading Diary

解讀結束之後，建議將結果及從中感到在意的事情記下來。每次重看一遍的時候，都要將雷諾曼卡發出的訊息銘記於心。另外再運用「回顧」的方式，與實際發生的事情做比較，這樣對提升解讀力會很有幫助。

日期　　　　年　　月　　日（　　）

❀占卜主題

❀出現的牌與牌義解讀

牌卡	牌義解讀

✤ 透過這次解讀釐清了哪些事情？從有感應的牌中得到什麼訊息？

✤ 接下來自己想要怎麼做？

✤ 想對自己說些什麼？

結語

　　大家對於《帶來幸福的雷諾曼卡占卜》這本書有何感想呢？不知道有沒有讓大家愛上雷諾曼卡了呢？

　　我十分熱愛雷諾曼卡，並將滿腔熱情全部投注在本書當中，真心希望能將雷諾曼卡的精華及奧妙介紹給大家。

　　起初接到出版書籍的邀請時，真的令我受寵若驚。畢竟目前已經有好幾本雷諾曼卡的書籍以及電子書出版上市了，所以我一直覺得沒必要推出可供精通雷諾曼卡的人參考的書。沒想到，日本文藝社的藤井先生卻跟我說：「雷諾曼卡的時代來了！」看來我在占卜這個領域默默耕耘的時候，雷諾曼卡已經在占卜業界以外的地方大受歡迎了。許許多多的雷諾曼卡玩家不停在社群，以短片社交應用程式等各式媒體上發文，因此一般民眾聽說雷諾曼卡的機會越來越多，因為這個原因，後來向我詢問講座及活動的人激增，我上一本著作的銷量不斷上升。

　　不曾占卜過的人開始對雷諾曼卡感興趣，一直期待能看到淺顯易懂的解說書籍，這樣下去我怎麼忍得住，於是馬上回覆出版社：「我要出書！」

執筆過程絕對不輕鬆，預料之外的意外事件層出不窮，面對迫在眉睫的交稿期限，也曾令我惶惶不安而夜不成眠……但是我只能拼了，我想要完成這本書。「因為我想寫的內容實在太多了！」對雷諾曼卡的熱愛督促著我，於是我拿過去的講座資料作為武器，一路伴我跋山涉水，而雷諾曼卡更在此刻發揮了高山與船隻的角色，指引我「秉持強大上進心即能克服萬難」。

最後我要感謝日本文藝社的藤井先生，他在本書執筆過程中，直到最後一刻仍協助我調整內容，還要感謝G.B編輯部的柏先生，即便我百般要求仍願意為我彙整內容，還有對於我的緊急要求都能臨機應變幫忙處理的久我晏正先生、在最後的最後依舊全力支持我的代筆人大柴天音小姐、願意與我結下良緣的伊泉龍一先生，由衷地感謝。

櫻野KAREN

Card

本書使用了AGM-Urania公司的「藍貓頭鷹雷諾曼卡」。

參考文獻

●伊泉龍一、桜野カレン《ルノルマン・カードの世界》駒草出版
●香《ザ・ルノルマンカード》説話社
●高橋桐矢《実践 ルノルマンカード入門》ワン・パブリッシング
●マーカス・カッツ、タリ・グッドウィン／伊泉龍一譯《ラーニング・ルノルマン》フォーテュナ
●鏡リュウジ《秘密のルノルマン・オラクル》夜間飛行
●ジャン・ポール・クレベール／ 竹内信夫、西村哲一、アラン・ロシェ、柳谷巖、瀬戸直彦 譯《動物シンボル事典》大修館書店
●アト・ド・フリース《イメージシンボル事典》大修館書店
●トリプルK《はじめてのコーヒーカード占い》FCM合同会社
●伊泉龍一《タロット大全 歴史から図像まで》紀伊國屋書店

本書著作之際參考上述文獻，謹此致謝。

作者介紹

櫻野KAREN　　KAREN　SAKURANO

長期鑽研雷諾曼卡造詣高深，在日本堪稱首席占卜領導人物，也是十分活躍的人氣講師，講座經常是一票難求。此外也參與許多占卜公開資訊的監修工作。著有《ルノルマン・カードの世界》（駒草出版）、《はじめてのコーヒーカード占い》（FCM合同会社）。

Twitter
https://twitter.com/sakurano_karen
Instagram
https://www.instagram.com/sakuranokaren

BOOK STAFF

編　　輯：柏もも子、細谷健次朗、中原海渡（株式会社 G.B.）
編輯協力：大柴あまね、久我晏正
設　　計：山口喜秀（Q.design）
插　　畫：ひじやともえ
Ｄ Ｔ Ｐ：ハタ・メディア工房株式会社

帶來幸福的雷諾曼卡占卜

出　　　　版／楓樹林出版事業有限公司
地　　　　址／新北市板橋區信義路163巷3號10樓
郵 政 劃 撥／19907596 楓書坊文化出版社
網　　　　址／www.maplebook.com.tw
電　　　　話／02-2957-6096
傳　　　　真／02-2957-6435
作　　　　者／櫻野KAREN
翻　　　　譯／蔡麗蓉
責 任 編 輯／周佳薇
校　　　　對／周季瑩
港 澳 經 銷／泛華發行代理有限公司
定　　　　價／420元
出 版 日 期／2023年3月

國家圖書館出版品預行編目資料

帶來幸福的雷諾曼卡占卜／櫻野 KAREN 作
；蔡麗蓉譯. -- 初版. -- 新北市：楓樹林出
版事業有限公司，2023.03　面；　公分

ISBN 978-626-7218-33-4（平裝）

1. 占卜

292.96　　　　　　　　　111022491